今昔故事

回归清净本性

释证严 著

「经者道也，道者路也」。凡夫行在人间路，「一念无明生三细」，不明因果，习气深重，随其习气造作不同业缘；从人间路走上菩萨道，深明「静思法脉勤行道」与「慈济宗门人间路」，内修诚正信实与四弘誓愿，外行慈悲喜舍与六度万行，佛在心中、法在行中，才能渐渐进入经中心；进入经中心，亦即回归清净本性，才知原来「心、佛、众生三无差别」，人人本具佛性，人人本具佛陀德行！

观时节。应根机。施教法

天地四时依岁序滋养生长万物，农夫顺应气候变化照顾农作。
耕田之时，先行筛选良质实心种子，待其发芽后，把握因缘撒种并殷勤除草，这就是顺天理——顺应大自然的法则。

耕作要看岁时节气，度人也要观时节因缘；
否则庄稼无法收获，助人也不能成就。

佛菩萨的智慧如日月之光芒普照大地，于世间度化众生行菩萨道，
是以权巧方便之法来观机逗教，适应众生根机与社会需要，
善导人人回归清净无染的本性。

欲普遍接引众生，须把握佛陀所觉悟的宇宙人生真理，
以合乎世间常理的叙事方式，融合现代的人间事相，
避免流于格局狭小、虚幻神话、事理矛盾的情况，
才能使人听得懂、行得通、做得到，
而得以改往修来、解脱自在。

——证严上人

上证下严上人

证严上人以其悲天悯人之宗教家胸怀，服膺上印下顺导师"为佛教、为众生"之慈示，秉持"佛法生活化，菩萨人间化"之理念，在"内修诚正信实，外行慈悲喜舍"精神贯彻下，渐次开展"慈善、医疗、教育、人文"以及"国际赈灾、骨髓捐赠、环保、社区志工"之"四大志业、八大法印"。事理相融、以浅喻深畅佛本怀，善导大众心存菩萨大爱，落实佛法于生活中，带动付出无求同时感恩之风气，达到"净化人心、祥和社会、天下无灾难"之人间净土目标。

静思法脉丛书

"静思法脉丛书"是为将证严上人开示法语依佛教经典、衲履足迹、人文专题、静思语录、上人全书、随缘开示、童书绘本、思想论述等八大书系结集成书。从计划性、系统性搜集资料、修润文稿以迄于汇整付梓，工程可谓浩大，影响自是深远，诚然是任重道远之笔耕弘法慧业。故有心有缘于此致力世界和平之理想者，不可以不弘毅，立愿以淡泊明志之心，悠游法海；立志以宁静致远之心，潜心留史，全体合和互协荷担使命，圆满个己之修心道业，完成天下之长治久安。

经者道也，道者路也

　　昨天和今天的天空，是否总是一样？

　　昨天的天空一片雨雾濛濛，今天的天空，从暗夜到清晨，天将破晓，满天的橘红色中，还有蓝蓝的颜色，又有白白的云，灰色的云，各种颜色在天空，多么美丽！天气晴朗，连鸟儿都很快乐，鸟鸣声是多么清脆、悦耳！天地调和，万物欢喜，这么美好的境界，正来自于人心行在道德秩序中，心行如法，就于正轨，以此善因善缘，故感得四大调和，世界平安吉祥。

　　佛法重视因缘果报观，其道理虽深且广，但也很浅显。举例言之，种花得花，种稻得稻，这是很浅易清楚的道理。进一步分析，一棵大树的种子是因，缘即泥土、水分、阳光与空气，因缘聚会而成长茁壮，开花结果后生出种子，种子落地又渐渐长成树。从种子而大树，再从大树而种子，万物就是如此循环不已。

草木是无情众生，其种子有形有相，有其因缘会聚的循环过程；人类是有情的众生，本具善良佛性，但受后天环境熏染，因缘积聚复杂的习气，遂埋没清净崇高的如来本性。欲回归佛性，须循正确方法——身体力行菩萨道，笃信因缘果报的真理，将层层烦恼掀开，将重重习气去除，清净佛性才能显露。

在慈济行菩萨道，须深明"静思法脉勤行道，慈济宗门人间路"。静思法脉是心灵的道场，慈济宗门是修行的方向。"静思法脉勤行道"是内修诚正信实、发弘誓愿——诚心誓愿度众生，正心誓愿断烦恼，信心誓愿学法门，实心誓愿成佛道；"慈济宗门人间路"是外行慈悲喜舍、持六度万行——大慈无悔爱无量，大悲无怨愿无量，大喜无忧乐无量，大舍无求恩无量。

我们身处纷扰的社会，心要常在静思中，善护己心不随境转，时时冷静思考，清楚明辨人事物理；所谓"再思可矣"，既能三思而行，不被欲念牵引而冲动行事，同时也无三心二意，对的事做就对了！起心动念在静思中，待人处事尤要恪守诚正信实，待人以诚，行走正道，坚定信念，步步踏实。

以诚正信实发四弘誓愿："众生无边誓

愿度"，内修以德方能度众；"烦恼无尽誓愿断"，若满心烦恼则法不入心；"法门无量誓愿学"，无量法门在人群中，人人都是一部经；"佛道无上誓愿成"，学佛为的是成佛，回归清净佛性，自然能开启无量智慧和慈悲。

以六度万行行慈悲喜舍："大慈无悔爱无量"，对于无亲无故的苦难人，或是同师同志愿的慈济法亲，都要心怀无量大爱，用心辅导与牵引，见人幸福就心生欢喜；"大悲无怨愿无量"，提起愿力为人群付出，但求问心无愧，即使受到委屈，依然不以为忤；"大喜无忧乐无量"，凡事以心宽念纯待之，就能甘愿做、欢喜受，不起烦忧；"大舍无求恩无量"，付出无所求，并且衷心感恩有付出与成长的因缘。

其实，"心、佛、众生三无差别"，众生与佛平等，自性本来清净，只是一时迷茫，又不知如何找回佛性，不知如何觉悟超越的智慧，所以不断自造恶因恶缘。若能落实内修外行的法门，自然能明因知果、改往修来，同时亦能开阔胸襟、增长福慧，与众生合和互协、广结善缘。

所谓"经者道也，道者路也"，修行路上的心灵风光，必须亲身走过，才能清楚看见法的真实相；若不是亲自走在路上，路上有何树，树长得多茂盛、美丽，就只是听闻知道但并非真实见到、体会。

众生从凡夫起点走向成佛终点，途中有复杂的歧路，唯有行菩萨道才能走到终点。从路走上道，再由道接近经，最末进入经的中心，内心精纯而无杂质，转凡夫心为菩萨心，佛在心中、法在行中，自然能智慧成长，回归清净本性。

目　次

行在人間路。凡夫垢重

一念无明生三细

第一章　不明因果

第二章　习气深重

走上菩薩道，佛在心中。

静思法脉勤行道

第三章　诚正信实

第四章　四弘誓愿

走上菩薩道，法在行中

慈济宗门人间路

第五章　慈悲喜舍

第六章　六度万行

進入經中心。回歸本性

心佛众生无差别

第七章　本具佛性

第八章　佛陀德行

行在人间路。凡夫垢重

一念无明生三细

不明因果
习气深重

"一念无明生三细，

境界为缘长六粗"，

人身有眼、耳、鼻、舌、身、意

六根，

外境有色、声、香、味、触、法

六尘；

众生一念心浮动，

故生贪、瞋、痴等无明烦恼，

迷失于根尘相应的境界中，

所以习气染浊积重难返，

不明因缘果报，

造作业缘而随业受报。

第一章

不明因果

珠宝商与公主的夙世积怨

众生根机各异，佛陀为适应普遍根机，必须观机逗教，善用譬喻或本生故事，以浅显的话语，阐明因缘果报的道理。有一天，佛陀说起一则故事，教育弟子们修道的正确方向，就是要照顾好一念心；一念心偏差，就会堕入无明。

无量劫以前，有一对兄弟，大哥充满智慧，弟弟也很聪明。一日，大哥带着弟弟出外经营珠宝生意，愈走愈远，乃至于越过边界来到别的国家。

大哥对弟弟说："你将最有价值的珠宝带入皇宫献给国王，应该能赚一大笔钱。"于是弟弟背着许多珠宝进入皇宫。

国王见珠宝商人相貌堂堂，希望能招他做女婿："你若是娶了我的女儿，我就买下所有的珠宝。"弟弟一听，想着不仅能做成大笔生意，又能当地位高贵的驸马爷，便兴高采烈地回报大哥此事。大哥听了之后，忖度弟弟娶妻是终身大事，他应该入皇宫和国王见面，以兄长的身份看看弟弟适合这件婚事吗？

国王观大哥谈吐文雅、见识不凡，是难得的人才，非常高兴，念头一转，又想将女儿嫁给大哥。公主也对大哥一见倾心，更甚于弟弟。然而大哥却感到莫名其妙，认为"君无戏言"，国王已经欢喜地将女儿许配给弟弟，况且弟弟也十分高兴，既然双方都很满意，国王怎么在这么短的时间里，就改变主意呢？

大哥觉得王室并非适合婚配的对象，皇宫恐怕也不宜久留，于是赶紧带着弟弟离开。公主不甘心兄弟俩就这样匆匆而去，一路追到皇城上，眼睁睁看着大哥拉着弟弟疾走的身影，心中忿恨不已——既恨大哥不愿与她成亲，也怨大哥不允弟弟与她结缡。向来骄纵成性的公主由爱生恨，对大哥发下毒愿："今世得不到你，来世即使变成魑魅毒虫，也要吃了你的心肝，以泄心头之恨！"

一段长久的时间过后，两兄弟与公主都寿命终了，舍此投彼。因过去的业缘未尽，大哥化为一只猴子，弟弟和公主则成为一对结为夫妻的鳖。母鳖不由自主地憎恨那只猴子，便假托生病，必须吃每天来河边饮水的那只猴子的心肝才能治愈。公鳖因为怜惜妻子，决定设法解除母鳖的病痛。

隔日，猴子从山壁的树上爬下，到河畔取水。此时，公鳖从水中浮出，向猴子说："你可曾听过世间最美妙的声音？来，我家就有世间最美好的音乐，我带你去。"猴子一念欢喜，跳上公鳖背上，逐步踏入死亡的陷阱。

公鳖游到了河中央，认为猴子无处可逃了，就说："世间哪有什么最好听的音乐？只是我的太太想吃你的心肝罢了！"

猴子听了，急中生智，不慌不忙地对公鳖说："哎呀！你怎么不早点说呢？我的心肝吊在树上，你若需要，我就一起带过来。"公鳖信以为真，高兴地说："我再载你回去拿心肝。"

当公鳖游近岸边时，猴子立刻抓住树枝，攀了上去，对公鳖说："真是愚痴、可怜啊！世间哪有心肝会吊在树上？而你这种杀生害命的诈骗行径，更是要不得啊！"

佛陀说到这里，对弟子们说："我们应时时守戒清白，不要有所逾矩；心行皆合戒律，就能守护善法。那只猴子就是现在的我，过去生中的造作难免善恶杂糅，所以曾依余业受报投为猴身，并因贪图逸乐而险些死于非命；但也因能恪守戒法所以能运用善法，以机智逃过劫难。"佛陀接着又说："母鳖就是公主，公鳖就是弟弟，也就是今世的提婆达多。"

提婆达多虽然聪明，但是心量狭小，容易被环境所影响，造作诸多恶因恶缘。佛陀和提婆达多，因缘纠结不断，生生世世难了；即便到了现世，虽然提婆达多同样生在皇宫，又是佛陀的堂弟，也出家成为佛弟子，却常受欲念诱引，处处和佛陀作对，甚至谋害佛陀。

学佛必须守住规戒，如此便是守护善法，得以成长慧命。守志于道，步步精进，离诸佛菩萨的境界就不远了！

起一念怜悯心的执刑者

　　佛陀在世时，时时刻刻以身作则教育弟子。有次，佛陀带着弟子游化到贤提国，听闻有位老比丘孤病无依，赶紧前去探望。

　　老比丘长年卧病在床，精神委靡不振，身体脏臭不堪，佛陀见之十分不忍，连忙请弟子生火熬粥，汲水为他沐浴。弟子们见老比丘色身污秽，都不敢接近，只有佛陀毫不在意，亲手为他净身。

　　贤提国国王闻知此事，非常感动，便请问佛陀："您贵为人天导师，究竟是何因缘，亲自为这位老病比丘清洗污秽？"

　　佛陀就对国王叙说过去的因缘——

　　无量劫前，有位恶王残酷成习，喜欢听人被毒打后所发出的哀嚎声。即使犯下的只不过是轻微过失，也会下令重重鞭打；甚至选派心狠手辣之人掌管刑罚，执刑时每每将人打得遍体鳞伤。

当时，有位贤人被诬陷而送至刑房，他向执刑者坦言："我是持戒守法的修行人，是遭人诬赖才沦落于此。"执刑者听闻他是修行人，又见他容貌庄严肃穆，不禁生起一念怜悯心，于是执刑时重鞭轻落——将鞭子高高举起、轻轻落下，所以修行人虽然被鞭打，却无伤痕。

佛陀说："这位老比丘即是过去那位执刑者，而被诬赖的修行人就是我。因为曾受他怜悯施恩，我生生世世都想回报这分恩情。"那执刑者虽然极为残酷，再来人间时受尽贫病老苦的折磨；但因曾对修行人心生怜悯，使他今世有福遇佛，并受佛陀照顾。

如是因，如是缘，如是果，如是报；因果分明不爽，造恶业受恶报，造善业得福报。"罪从心起，福由心造"，一切善恶无不是从心所造，若能深明因果真理，自然会去除恶念，心存善念。

福与慧，如同人之双脚；福慧双修，好似双脚健全即可来去自如。身处五浊恶世，不受人我是非影响，面对任何境界，内心皆自在无挂碍，常保欢喜，这就是"智慧"；有人深受病痛困苦，因不忍人之心而伸手相援，这就是以慈悲心造"福"。只要恒持初发心，福慧自然随日增长。

乡野路上的奇遇

助人行善的因缘果报，历历分明。有则深具启发性的故事——

有位村夫一日走在乡间小路，忽见一小鬼在鞭打一具尸体。惊吓之余，壮胆走近问道："他与你有何深仇大恨？人都已去世了，为什么还要鞭打尸首？"

小鬼回说："他是我的前世，生时不孝父母、不敬三宝，平日为非作歹、多造恶业，害得我堕入地狱受尽苦报。"

村夫别过小鬼，向前走了不久，见一位庄严的天人，以香花礼拜一具尸体。他好奇地问："你为什么如此恭敬地对待他？"

天人回答："他是我前世的身体，因为孝顺父母、恭敬三宝、布施行善，其功德让我得生天堂，享受天福，所以我感恩、敬重他。"

续行些时，却又见及一位天人在枣树下，无奈地吃着既涩且酸的未熟枣子。村夫疑惑相问："你是天人，应当享受富贵，为何在这里摘酸枣吃？"

天人感慨地说："我生时虽然孝顺父母、信仰三宝，但是不信布施得福，只是口头赞叹，没有身体力行，以致徒有天人的形象，没有实质的福报。"村夫听了，念及今日路上遭遇，甚感因果不可思议。

可知真正的"自爱"，除了照顾好自己的身体健康之外，也要减少贪念以净化心地，进而善用此身发挥良能、助人行善。助人并不困难，行善也可以落实在生活中，自爱爱人、付出造福，就是拥有世间最富有的心灵。

阿桶伯与相欠债*的孩子

　　年少时，父亲的一些老朋友，常会到家中泡茶聊天。有次，一位人称阿桶伯的长辈，垂头丧气地来访，他说："唉，最近心里很难过。"父亲与朋友们都安慰道："知道你难免难过，但要看开才好。"

　　阿桶伯发生什么事呢？原来他们夫妻俩膝下无子，便向兄弟过继孩子来抚养，十分疼爱。孩子到了五六岁时，带着去算流年。算命先生对阿桶伯说："你这个孩子虽然生得聪明，但是可能养不到十五岁。"阿桶伯大为震惊："怎么可能？我这孩子健康又可爱，怎么会活不到十五岁？该如何是好呢？"

　　算命先生说："你可以用锁链将他的手脚链住。"早年台湾有个习俗，孩子小时候戴着脚链、

---

*　相欠债：闽南俗语，比喻人与人之间彼此恩怨难计的关系。——简体字版编者注

手链，用意即是象征着把孩子锁住，孩子就能如我们的期望，平安长大。

这个孩子就戴着这些锁链，度过了十五年岁月。正当年少的孩子，甚是健壮、聪慧，深得阿桶伯夫妻俩的欢心。

有一天，孩子对父母亲说："我觉得很不好意思，许多人问我为什么手上要绑戴一条手巾？"原来他因为戴着手链，觉得堂堂男子佩戴首饰会被取笑，所以总用手巾捆住手链，以避人眼目。

但是，别人还是觉得他很奇怪，为何手上总有条手巾呢？惹得他心里很不舒服，吵着不要再戴上手巾，更要脱下链子。夫妻俩心想，当年算命先生说孩子活不到十五岁，现在已经十六岁，快十七岁了，卸下应该无妨；况且男人戴着手链，的确也不像样，就同意了孩子的请求。

然而才没多久，孩子不知何故，突然猝死！阿桶伯夫妻伤心欲绝、悲恸难禁。朋友们不断好言相劝，却总是看不开。

有次，阿桶伯又来聊天，众人很关心阿桶伯的心情，问道："桶哥，你有没有看开点？"他出乎众人意料之外地说："看开了！看开了！我们夫妻和这个孩子是'相欠债'。"大家好奇地探问缘由。

阿桶伯继续道来："孩子过世之后，我和太太每晚都睡不着，两人总是泪眼相对。但是昨天晚上，我做了一个梦，梦中来到很阴森的地方。远远地看到一个年轻人，竟然是我的儿子！我一直追、一直追，还大声叫唤他！

"他突然回过头来，表情非常凶恶。我说：'你不认识你父亲吗？我这么疼你，你怎么像是看到仇人呢？'他生气地说：'我原本只欠你们夫妻十五年的债而已，你们却用锁链把我锁住了将近十七年！本来有个好缘等着我投胎，偏偏就是你们让我无法离开，现在已经化成泡影了，害得我如今还在这里徘徊！'他讲完后，拿起一根棍子追打我，我吓得拔腿就跑，不小心跌一跤，就醒过来了。

"我将梦中所见告诉太太。她静静地听完后，含着泪水说：'我们与他互相欠债，以后不要再挂念他了；我们锁住人家这么多年，就放他走吧。'"

阿桶伯的故事，虽然已经过了很多年，但是仍深深地烙印在我心里。

佛陀教育我们：世间变化无常，但要随缘不变，安住好身心。人生世间都是因缘，不论好缘、恶缘，因缘来时，欢喜接受；因缘尽了，感恩祝福。若能有如此的心态，不论是亲情或是其他感情，面对因缘的聚合离散，应该都能够看得开啊！

花开花谢终有期

在日本一处小乡村里，有位妇人生了一个白白胖胖、十分可爱的男婴。只是当男婴周岁时，却还不会爬行。他的父母着急地四处求医，几乎用尽家产，孩子的身体非但没有改善，反而日渐消瘦；到了七岁，仍然躺在床上不能行动。

有一天，小男孩告诉母亲："每天早上听到鸟叫声时，真想出去看看小鸟停在哪里？黄昏时，听到户外有很多小朋友嬉戏的笑声，我也好羡慕；尤其到了晚上，真想看看窗外的月亮公公长什么样子？有时候看到哥哥开心地去读书，妹妹活泼地玩耍，心里也很想和他们一样。妈妈对不起，您养育我很辛苦，我会努力让身体健健康康。"

母亲听了好心痛！哽咽地安慰孩子："虽然为了治疗你的身体而变卖了以前的大房子，但是爸爸妈妈一点儿也不后悔，只希望你能早日恢复健康。"孩子含着泪水回应，希望能宽解母亲的心。

只是病情总不见好转。忽然有一天，孩子呼吸困难，陷入昏迷。在迷茫中，觉得自己好像走到门边，心想："如果这时候外面有小朋友，我很想和他们一起玩。"不过，一直没有任何人来。只得又独自走进庭院里，见到有些即将凋谢的花，感觉人的生命和这些花有什么两样呢？脸上展露出许久未见的微笑。

突然，他听到一阵清脆的金属声。定神一看，有个可爱的孩子，双手拿着两支竹子；竹子的下方缠着一个铁圈，还有两个白铁轮子。那孩子以竹子转动轮子，玩得正开心！他看得入神，孩子回头对他微微一笑，便转着两个轮子离去了。

那一刻，他好高兴！正当此时，耳边仿佛听到母亲唤他的声音，他悠悠地醒来，才知道原来一切只是一场美梦。

他对母亲说："如果妈妈不要叫醒我，不知道该有多好！"接着道出刚刚所见的境界。母亲说："你千万不要跟着那个境界走。"他便说："花也有凋谢的时候。花谢了，种子入土，还是同样会冒出新芽来。"

母亲听了，有一番觉悟，于是忍痛对孩子说："好吧！我们都已经尽心了。也许母子俩的缘分就到此了。"没多久，孩子便带着微笑离开了人世。

母亲怀胎十月，多么辛苦！孩子出世后，受到父母无微不至的呵护与疼惜，期待孩子能够健康平安、幸福快乐地成长。不过，并非每个人都能顺利经历童年、青年甚至中老年。无论父母对孩子如何疼爱、关心，生命仍是在无常中。人身难得，我们有福闻法修行，明白人生的真理，朝向觉悟的道路，能不好自珍惜吗？

第二章

习气深重

追求华服美钻的虚荣心

曾在一本书上读到一则故事——

从前法国有位漂亮的女孩，家境清寒，长大后嫁给一位公务员，其实对她的出身而言，已经算嫁得不错了。然而婚后的她却常常闷闷不乐，对镜自怜，心想：我长得不差，为什么会嫁到这种家庭——没有气派的房子、华美的衣裳，也没有仆人服侍？每日都为此苦恼。

有次，她的先生带了一张上司的结婚舞会邀请函回家，这是他费尽心思、到处拜托人才拿到的，因为太太曾说，希望能参加一次豪华舞会。

原本以为太太会很欢喜，不料她却不开心，问她缘由，她说："参加舞会时，穿着太寒酸让人家笑话，不如不要参加了。我需要一套豪华的礼服，穿在身上才像样啊！"她看中一套价值四百法郎的晚礼服，而她丈夫节俭储蓄多年的钱，总共也只有四百多法郎，但想到太太跟着自己真的很委屈，只好咬紧牙关，提出银行里的所有存款，为太太订制那套礼服。

有了华服，太太仍然不高兴；问她还缺什么，她说："虽然有了礼服，身上连一件首饰都没有，怎么见人？"先生听了既歉疚又无奈！忽然想起解决的方法："你不是有一位朋友，经常穿戴得珠光宝气，凭你们的交情，向她借一件首饰应该不难啊！"

她心怀忐忑地前去拜访朋友表明来意，朋友倒也很大方，拿出许多珠宝供她挑选。她又戴又挑地看了好久，最后选中一条钻石项链，觉得这件首饰最适合自己，和那套礼服也很相衬。

舞会当天，这位年轻的太太穿上豪华礼服，戴上贵重的钻石项链，果真在会场中引来众人羡慕与赞美的眼光！能成为众所瞩目的耀眼对象，令她非常欢喜、开心！

舞会结束后，夫妻俩高兴地回到家，却发现那条钻石项链不翼而飞！她不知如何向朋友交代，只好想办法借了很多钱，买一条一模一样的项链还给朋友。

过了四五年后，有一天，她的朋友见她神情憔悴、双手粗糙，十分关心地问候。这位太太哀怨地说："其实当时我向你借的钻石项链遗失了，所以借很多钱买条一样的还你，再做工来偿还债务，一直熬到现在都没有偿清……"

她的朋友听了愣了一会儿，心疼内疚地说："你知道吗？我那条项链不是真的……""啊！是假的，可是我却去买真的钻石项链还你！真是苦了我做这么多年的工……"

虚荣心，是一种苦；因爱慕虚荣而追求浮华不实的享受，就是增加另一种苦；若继续执迷不悟，更是苦不堪言，终究苦果连绵。面对种种外境，若能淡然处之，不起苦乐的感受，无贪求之欲念，也无厌烦逃避之心，自然过得快乐自在、无所挂碍。

贪求利养失道心

世间无常，我们的心常在生灭变异中，若能将心念稳住，时时防非止恶，照顾好一己之念，就是定力。

佛陀带领僧团修行，期许弟子们要有坚定的道心，控制自己的心不贪求利养，经过这番坚心决志的修炼，才能长养戒定慧。

在僧团中，有位修罗陀比丘，原本也是抱持坚定的心志修行，初出家时不仅可以日中一食、树下一宿，还能忍人所无法忍之苦。过了一段时间后，国王赞叹修行者的精进，起了欢喜供养之心，每天以丰富、精致的食物供养僧团。

久而久之，修罗陀养成了口腹之欲，每次用膳时间将至，就想：不知道今天国王要送来什么美食？渐渐地厌倦了平淡的修行生活，最后舍离出家众的三衣，穿上在家众的服饰，还俗归乡。

修罗陀回乡之后，总要工作维生，不知何时，竟以屠夫为业，杀生无数。有一天，以往同修的比丘遇到他，见他一身落魄，不禁问："你为什么会沦落到如此地步？"修罗陀很惭愧，也很忏悔，但要悔过也来不及了，他对比丘说："虽然我现在还活着，但是天天就像在地狱。有时内心像在火炉炼狱，有时像在寒冰地狱，苦不堪言！"

　　比丘将修罗陀的话转告佛陀，佛陀听了，摇摇头表示无奈。修罗陀只因贪于食物美味，一念贪心生起，就慢慢远离道业，无法收回道心。修行者若连自己的心都无法把握，无法预知心念的变动而即刻防止，对世间万物又能领悟什么？又如何引导他人走向正道？修行，不论在何种生活、环境变动中，都要稳定心念，恒持初发心。

色诱难忍之憾

学佛着重于"忍"，不只是在逆境中忍耐，在顺境时也要堪忍。欲涵养忍的功夫，重点就在于能明辨善恶，错的事绝对不做，对的事坚持到底。

佛说"忍色忍欲难"，能忍得住世间爱欲色欲的吸引，实在不容易。久远劫以前，有位十六岁的年轻人，长得体魄强健，生得仪表出众，年到适婚之龄，很多人前来说媒。年轻人的父母也常安排儿子相亲，希望他能早日成家立业。

但是他认为，人生之苦正是因为世间之欲而起，色欲就是苦患的祸端，所以极力逃避男女婚事。然而父母心急，不断地相逼，最后年轻人决意离家出走。

在外流浪四五年后，一位长者见他身强体壮，便劝请他到家里当长工。年轻人心想，到处流浪真是辛苦，能有固定的工作和住所，寻个生活温饱，也堪能安身立命，于是就在这户人家安顿下来。

长者有位眉清目秀、亭亭玉立的养女，许多人到府争相提亲，但女孩总不中意，原来她唯独爱慕那位在家中做长工的年轻人。

探得女儿的心意，长者告诉年轻人，想让他们两人成亲。年轻人心中犹豫：我是逃避婚姻才离家，怎么能来此处娶妻呢？但是长者的女儿常常想办法接近他，即使年轻人想要保持清净之心，仍禁不起一再挑逗，遂放弃以往坚守的志愿，与女孩结婚了。

五年之后，他想起曾经立下远离色欲的誓愿，觉得自己错了，便从这个家逃出去。

无处可归的他到旅社投宿，旅社的女主人一见年轻人，内心动情，以美色百般诱惑；年轻人又被诱引，觉得这个女人比太太更美丽，不由自主地留下来与女主人同居。

又过了几年，他觉得自己很没志气，十分懊

恼，便痛下决心，这次绝对要远离色欲，于是又逃出旅社了。

有一日，他盘缠花尽，饥寒交迫，步履蹒跚地走到一幢富丽堂皇的大宅前，门房将他拦下说："天色晚了，前面没有路，你不用再走了。我们这间房子屋大人少，你可以在此借住。"他想想身上没有钱，前路漫漫，投宿何处？只好暂先落脚于此，借住一宿，明日再行。

寡居的大宅女主人眼见难得有年轻人来，百般劝说，殷勤挽留，希望他能长住在此。年轻人感叹，自己这一生为何总是流浪于外？莫不都是为了逃避男女情欲，偏偏这类事情时常发生在自己身上，却又为何总是经不起考验？

他非常无奈，但今后何去何从？若再度离去，又遇到女色的诱惑，自己能否把持住？实在一点信心都没有。所以，这一次如同以往，又留住这间大宅，与女主人同居。

这则故事真是发人深省。人生有种种苦难历

练，其中尤以忍色忍欲为难。明知不可犯，但因为意志不坚，屡屡违背所立的志向。社会上有许多本可防范的灾祸，也皆是因为人心无法自我控制，忍的功夫不够深，终至造成终身遗憾；诸多善事也明知应该力行，却是忍不下辛苦的操劳，做不多久就放弃了。修身养性重要的就是"忍"字，日常生活、待人接物，都不能离开忍的功夫。

巧言令色的余习

　　佛世时，僧团中有形形色色的人，有德行、学问兼具的长老比丘，言行举止都能作为典范，受人敬重；但也有口是心非、表里不一的年轻比丘，让人警惕。有一日，比丘们聚集谈论着，哪些人值得效法学习，哪些人必须引以为戒。

　　这时佛陀加入讨论，问道："好的榜样暂时不谈，谁的行为是你们应该警惕的呢？"

　　比丘就说："有位比丘，人前人后说话不一致。在人面前毕恭毕敬，也会接受他人的建议；但是离开僧群，与在家居士相处时，常宣说不实之法，误导他们修行的方向，让人感到困扰迷惑。"

　　佛陀叹道："他的习气未断，真是令人担忧。你们知道吗？他从过去生中就有巧言令色的毛病。"接着便述说这位比丘的前世因缘——

久远前，波罗奈国有位富有的长者，他的夫人生产时，家中仆役的太太也同时生产。长者不仅细心照顾自己的孩子，对仆役的孩子也是疼爱有加。当长者的孩子念书时，仆役的孩子就在一旁侍候。这位仆役之子聪明伶俐，侍候小主人上课时，也可以将授课内容一字不漏地牢牢记住。长大之后，长者见仆役之子精明干练，就将家中账务交给他打理。

仆役之子虽然得到长者的信任与爱护，可是内心还是不平衡，常想：即使我将工作做得很好，大家也很疼我，然而有朝一日哪里出错了，还是会被扫地出门。

他愈想愈烦恼，渴求永远得到财富、地位。听说邻国有位长者家财万贯，膝下只有一女，没有儿子，他想："若能成为那长者的女婿，女婿是半子，日后必能继承财产。"想归想，自己身为奴隶，如何娶得贵族的女儿呢？心生一计，假装自己是波罗奈长者之子，写了一封文情并茂的书信，再打扮得像身份高尚的贵族，恭敬地到邻国长者府上拜访，并呈上书信，称说自己是奉父亲之命前来致意。

邻国长者打开来信，信上说波罗奈长者表示两家正好各有一个子女，希望能结为亲家，并让自己的孩子留住他家，多学些与其他国家贸易往来的知识。长者看完信后非常高兴，由于自己没有儿子，正愁没有继承人时，波罗奈长者自动将儿子送来，一者，两家门当户对；再者，看这年轻人风仪潇洒，所以很欢喜地嫁出女儿，让他住下。

过了一段时间，波罗奈长者十分疑惑，仆役之子怎么失踪这么久，跑到哪里了？派家丁四处寻找，从本国找到邻国，终于找到了。家丁向主人回报，仆役之子不知为何在邻国变成贵族，出门时还有很多随从簇拥着他。波罗奈长者闻讯感到气愤又疑惑，便亲自带领家仆同去寻人。

仆役之子得知消息，心想主人带众家仆前来，必定是要抓他回去。若是东窗事发，不仅颜面尽失，偌大的家业、美丽的太太，都会化为乌有，情急中横生计策。

他对随从们说："相较于我出生的国家，你们国家的晚辈对长辈不够恭敬。在波罗奈国的习俗里，父子同桌用膳，儿子必须恭敬地侍奉父亲，就像仆役对待自己的主人，要拿水给他洗手，拿毛巾给他拭干；父亲要吐痰时，还需捧着痰盂随侍在侧。我在家里便是如此孝敬双亲。"

又对岳父说："家父即将拜访，请让我准备丰富的菜肴迎接他。父亲向来疼爱我，从前我在家时，寸步不离他身边。"岳父听了很欢喜，认为："他如此孝顺父亲，想必将来也会很孝顺我。"赶紧使人备办佳肴美馔，命家佣陪女婿接迎亲家。

仆役之子在路上遇到波罗奈长者，立即跪拜行礼；波罗奈长者本想责难他，但见他带着浩浩荡荡一大群人，侍奉自己也像从前一样殷勤，觉得不好在这么多人面前给他难堪，也不忍心当场戳破他的谎言，遂接受了礼物，同赴他岳父家。

邻国长者见亲家来访，热情地款待；波罗奈长者也将错就错，不愿揭穿实情。他问邻国长者的女儿："我儿子对你好不好？行为端不端正呢？"女孩温顺地回答："他非常体贴，令我感到欢喜。"

波罗奈长者听入耳中，心中不悦，尽管邻国长者和他的女儿都被骗得团团转，但是以长者的仁德，实不忍心让善良的女孩失望，只好祝福仆役之子，并嘱咐他要爱惜这分姻缘，往后要遵守做人的规矩。

佛陀故事说到此，对比丘们说："仆役之子就是现在这位比丘。在过去生他十分聪明，极尽巧言令色，让人听了欢喜，信以为真。他的习气，直到今世都没有改除。修行就是要去除不好的习气，若习于妄语，时日既久，终究会让人厌烦。"

转迷为悟，改往修来，是学佛修行的初衷；可叹即使是佛陀的弟子，尚有习气深重难调之徒。修行路上，应相互勉励、彼此劝导；对于习气刚强的人，一意批评无济于事，须运用智慧善加劝导，使其起心动念、开口动舌，多一分用心，才不会永远桎梏于习气的泥淖中。

不断说谎的根源

　　身处宁静的环境中，内心常是一片安详，清明澄澈。此时静心思考人生正确的方向，过着循规蹈矩的生活，便容易透彻道理。反之，周围嘈杂或生活忙碌时，若定力不够，对人、对事、对境就容易心烦；境动、心烦，烦恼丛生，就不免频频做出错误的事情。

　　佛陀的僧团中，有些尚容易"心随境转"的人，其中有位年轻的比丘尼，发心立愿跟随佛陀出家，但仍有"贪"的习气；虽然知道修行应离欲念，使身心清净，有时候却无法自制。

　　这位比丘尼有回独自去托钵，走到一处物资富饶的村庄，村民恭敬地准备了丰盛、精美的食物供养僧宝，使他十分欢喜。返回精舍的路上，不禁心想：若是让其他人知道了，大家都来这村子托钵，即使村人富有又发心，也难保不会因负担太重而不再给予丰厚的供养，必须想个办法，瞒过大家。

于是他昭告精舍大众："各位同修，我听到一则消息，有座村庄有很狂暴的牛、象、羊和狗，如果陌生人闯入，这些凶猛的动物就会跑出来攻击人。所以千万去不得，太危险了！"大家听了都牢记在心里，不敢往赴比丘尼所说的村庄。

其实，这位比丘尼每天都去那村子托钵，独自尽享美食。有一天，他走入村内，忽然间跑出一只狂犬咬伤他，甚至连脚骨都咬断了。村人赶快将狗赶走，帮他止血、包扎伤口，然后送回精舍，告诉其他僧众："这位修行者每天都到我们村里托钵，不知为何今天被狗咬伤，请多照顾他。"

这时大家才知道真相，彼此议论纷纷，传到佛陀耳中。佛陀对众说："你们是我的弟子，既然发心修清净行，必须注意身、口、意三业，修真实行，心要真，口要实。人的身体有杀、盗、淫三业；口有妄言、绮语、两舌、恶口四业；心有贪、瞋、痴三业。在这十种恶业中，口业占了四项，所以谨守口业对修身修心非常重要。这位同修虽然发心修行，却又不修口业，便是源自于内心的贪念，这是他的习气；过去生中，也同样如此。"

佛陀接着讲述这位比丘尼过去的因缘——

无量世以前，有一群鸟住在灵鹫山附近的树林中，因为气候转变，鸟王带领群鸟南飞，在路途中，遇到满载着货物的商人车队。有只鸟发现车队的货物袋漏出豆子及米粒，心想："我得赶快去捡，但是如果现在回头，很多同伴也会随着去抢。"所以就先按兵不动，见机行事。

鸟群停下来休息时，这只鸟就对大家说："我刚才在飞行途中，看到路面有很多凶猛的野兽，还有可怕的人类，我们绝对不要再飞回头。"鸟儿们都信以为真。但是这只鸟却趁机脱队，飞回去捡食散落一路的米和豆。吃得正高兴时，后面有辆马车急驶而来，它完全没有警觉，当下就被碾毙。这只鸟就是现在受伤的比丘尼。

学佛，须身、口、意三业清净，修行最难就

在于"境动心转"的时候，容易被外境牵引；所以面对任何境界，要保持内心的清净，把握当下的安宁，否则心念松懈散乱，就会造作错事，后悔莫及。

一样喷嚏两样结局

佛陀时代，和现代一样，有的人忠厚老实，乐于行善；有的人却善使心机，利用自己的职位，欺诈牟利。

当时有位国王喜欢收集名剑，乐此不疲，因此聘请一位眼光锐利的鉴定师替他鉴赏；若能发现优良的名剑献给国王，铸剑的匠人自然会获得重赏，名利双收。很多铸剑师为求自己的作品获得青睐，每每前去奉承、讨好鉴定师；鉴定师心贪贿赂，只要送来的礼品贵重，就会向国王说："陛下，这把剑的品质非常优良，造剑的人真是充满智慧，才能造出如此好剑。"反之，如果没有送礼，剑就会被深藏在仓库里，难见天日。因此，很多铸剑师对鉴定师非常不满。

有位铸剑师，用心打造出一把锋利无比、气势逼人的宝剑，但因为没有送礼而被淘汰，心中怨恨，遂想报复。有次，他又拿了另一把剑给鉴定师鉴赏，但偷偷在剑身洒上胡椒粉。当鉴定师有模有样地举剑细看时，突然间吸进了胡椒粉，不由自主地打起喷嚏，鼻尖立即被剑刃削下一大块！

国王知道他鼻尖被利剑削去，心生怜悯，命人用蜡做了个一模一样的鼻子，装在他的脸上，又请他当贴身侍卫，住进皇宫，随侍左右。此后，鉴定师收起贪欲之心，平静地生活。

国王十分疼爱自己的独生女，也很是疼爱一位外甥，希望外甥长大和自己的女儿结婚并继承王位。这两个孩子从小相伴成长，慢慢地互相萌生感情。

但过了一段时间，国王心中又有其他打算：王室人丁单薄，若将女儿嫁到外国，就多一个女婿；外甥另娶外国人，也多了个媳妇，如此不仅能兴旺家族，对外交结盟更有益处。只是拿定主意后，内心也有些不安，因为已曾许诺年轻人的婚事，况且两人感情笃实深厚，担心他们无法接受这种安排。所以国王决意隔离两位年轻人，希望他们渐渐淡忘彼此。

两人分开之后，国王的外甥对表妹日夜思念，只好向国王的贴身侍卫，也就是鼻尖被割下的鉴定师求助："你能帮我想个法子让我和表妹成亲吗？"鉴定师见他万分痛苦，心生不舍，也觉得应该促成这对真心相爱的年轻人，于是想了个计策。

他说："我为你想了个办法，我会向国王说：'公主最近运势不佳，应藉由祭祀去除霉运。方法是在墓地搭设一座祭坛，祭坛隔离成前后两部分，后面设一个台子，台下放具死尸，请公主坐在台上的香座，到时我会在周围泼洒香水，举行祭祀仪式，让霉运下沉由死尸接收，如此公主就可以改运了。'"

"而你要假扮死尸，躺在台子下方。我还会请求国王，为了避免不测，须派一百名侍卫围绕保护公主。一切安排妥当后，待公主坐下，你再将我事先备好的胡椒粉凑近鼻子，连打三个喷嚏后，侍卫自然会跑开。那时你赶紧起身，向公主和你自己灌顶，完成订亲仪式，如此一来你们就算是订亲了。"

国王的外甥觉得这个计策似乎可行，就照着准备；鉴定师也依计向国王建言。国王听了鉴定师一席话，立即命人着手安排祭祀事宜，派出一百名武士，护送公主前往墓地。鉴定师见机向这些武士说："你们要照顾好自己，当我洒下香水，死尸接收公主的霉运就会打喷嚏，被死尸看到的第一个人，则会承受死尸的厄运。"

当时民智未开，众人信以为真，密切关注死尸的状况，准备一听到喷嚏声就逃走。假扮死尸的外甥，在鉴定师洒下香水时，马上将胡椒粉凑近鼻子，打了一声、两声、三声喷嚏，武士们全都吓跑了；他赶快起身，拿着灌顶瓶，和公主完成订婚的灌顶仪式。

国王本来即有意将外甥纳为女婿，既然两个年轻人相互爱慕，也完成订婚仪式，可说是天命不可违，就打消对外联姻的主意，当场认可婚事，同时谕旨外甥继承王位。

新王登基后，感念鉴定师的计谋成全，还是

让他做自己的侍卫。有一天新王出巡，鉴定师随同在侧，那天太阳炽热，蜡鼻融化了；新王见之，有感而言："同样是打喷嚏，你伤到自己的鼻子，而我却娶得娇妻，继承国家。"

佛陀以这个故事教诫弟子，同样是打喷嚏，不一样的心态，导致不同的结果——鉴定师之前打喷嚏伤到鼻子，是源于自私欺诈，受人报复而自食恶果；之后，心存善念为别人设想，以喷嚏帮助有情人结成连理，而得人知恩图报的福缘。

人心百百种，有可能因一己之私，而盘算阴谋，使尽心机；也可能为了利益别人，用心成就善行。在凡夫的境界中，虽然是同样的动作，但因心念有善有恶，就可能导致两种完全不同的结果。修行就是要去除凡夫心，学习圣人的心，不以己为念，以公益为先，怀抱救度、服务人群的愿力，才能有所成就。

粪池里大虫的泪水

佛陀说：世间一切如梦似幻，就像是水沫泡影，看到、求到的皆是空。若能透彻"空"的道理，有什么好执著的呢？虽然一切是空，唯因缘果报是不变的真理，种一个因，因缘会聚，缘成熟了，果就现前，幸或不幸，都在果报中。

佛陀有段时间住在王舍城耆阇崛山中，带着一群弟子共修。有一天早上，佛陀与阿难出门托钵，经过城内的污水集中处；缘于居民都将粪尿、污水倾倒于此，因此这里十分脏臭。佛陀与阿难往池里看，发现池中有只特大的虫，头如人面，身长手脚，泪水涟涟地仰望佛陀，好似要诉说什么。佛陀微微叹息、摇头，便与阿难离开污水池，回返山中居处。

阿难满是疑惑，不断地回想佛陀到污水池边，有何用意？池中的虫抬头仰视佛陀，表情悲凄，流着眼泪，仿佛要向佛陀倾吐话语。佛陀又为何叹息摇头？

于是阿难向佛陀请益："佛啊！早上我随佛陀进城，污水池内的那条虫到底有何因缘，让佛陀感叹摇头呢？"佛陀说："阿难，你不愧是我的知心弟子。的确，这条虫自有因果。"接着便述说这条虫的前世因缘——

从前一间寺院有位知事僧，负责照顾往来的游方僧伽。由于寺里的出家众修道精进、心地慈悲，因此得到很多在家众护持，时常送来物资供养。

有一天，地方贤达送来了一些乳制品，都是很精致的料理。随后来了一群行脚僧，表示要在此挂单用餐，知事僧却只端出平常的食物。这群行脚僧说："在我们到来之前，不是才有人提供美味的餐点吗？应该取出来让大家分享。"

知事僧十分不舍，因为原先挂单的人已经很多，再加上这群行脚僧，每人所能分到的量太少了，所以不肯拿出。然而这群行脚僧又非要不可，双方因此发生争执。知事僧一时发怒，口出恶言："你们内心贪婪无厌，要吃，就吃粪池里的大粪吧！"

正是因为这句话！那位知事僧出于一念瞋心，口出毒言恶语，就此种下恶因，结成恶果。那只大虫就是那位知事僧，投生在粪坑里受臭秽之苦，百世都处在粪尿不净处。

因、缘、果、报，都是自造其因，自食其果，众生都离不开这分因缘果报。尽管是轻轻的几句话，也会成为因的种子，所受的果报，可能延续至生生世世，所以须谨言慎行，多多用心。

恶缘不解更造业

众生累世的习气，以及和人所结之缘，无不随着业力而来。无论业力如何现前，由于是过去自己的造作，所以要欢喜、甘愿接受。若能如此，遭遇任何境况，都能安然自在。另一方面，现在所做所为，也是在创造来世的因缘；此刻好好修养往昔熏染的习气，纵使过去的冤亲债主来折磨，也能渐渐消除从前的恶业，同时囤积来生的福业。

佛陀在世时也是如此教育大众，不过即使与佛同世，有福追随佛出家，僧团中还是有人带着过去生的习气，心结不解，结怨连仇，受业报之苦。

佛陀曾经带着僧团，在舍卫国停驻共修。有位瞿波离比丘，在僧团中和舍利弗、目犍连结下恶缘，若是看到他们，心情就很烦躁，不由自己想要毁谤。

有一天，瞿波离来到佛前诉说："佛啊！舍利弗和目犍连比丘有种种恶行。"佛陀听到瞿波离再三毁谤，心里很明白，向他说："不要再造口业了，舍利弗、目犍连是大家的善知识，你应该尊重，并依照他们指导的方式修行。"

瞿波离仍不以为然，再次对佛陀说："舍利弗、目犍连确实恶行。"又拨弄种种是非。佛陀教导之余，鞭策他："你真是个愚人啊！我对你的苦心劝解，要用心听明啊！"瞿波离不理会佛陀的苦心教诲，甚至觉得佛陀袒护舍利弗、目犍连，心生不满，积怨愈深。

此后不久，瞿波离身上长出豆子般小的烂疮，慢慢变成水果般大，红肿溃烂。但他仍旧不愿忏悔，最后病重难治，带着瞋怒、怨气往生了。

目犍连感叹地请示佛陀："依瞿波离的行为，往生之后会到哪里呢？"

佛陀说："可惜啊！虽然他出家修行，可是习气积重不改，不但此生不得解脱，来生且堕入地狱，受业火烧身、牛犁舌头之苦。"

目犍连心里同感凄恻说："我愿意到地狱去感化他。"

佛陀无奈叹言："他的瞋怒、恨意未消，你去了也是枉然。"

目犍连还是不忍，又说："我去地狱，探望他现在的情形，应该能感化他。"佛陀默然，深知目犍连的悲心，不愿再阻止。

目犍连运用神通到了地狱，见瞿波离烈火烧身；一段时间后，火熄了，出现一头牛，拉出他的舌头耕犁。瞿波离剧痛叫唤，受极大苦楚。

在瞿波离稍得喘息的刹那，目犍连上前肤慰他："瞿波离，我来看你了。"但瞿波离毫不领情，一见目犍连，恨声怒道："我不需要你来关心！"一阵谩骂后，业火又来焚烧瞿波离……在地狱中，不断地遭火烧、牛耕舌头，反复受刑。目犍连内心悲切但又无奈，只得回去了。

目犍连告诉佛陀在地狱所见的恐怖景象，也说起瞿波离受苦的情形。"瞿波离心境未转，堕入地狱也是其业力所致。若不能自我解开心结，业力就无法消除，即使是我也无法帮助他！"佛陀叹息道。

今世种种莫非前缘，有因有缘的人才会相遇，识与不识亦依相同的依报共处。佛陀来人间，为的就是要开导众生去除习气、对治无明。我们应依教奉行，力行佛法，自解心结——抱持真诚的心，警惕自己"冤宜解，不宜结"；对人宽一寸、退一步，就能减少争执，互结好缘。

被村民批评暴恶的村长

"心净则土净"，一念清净，心灵世界就清净；心生毒念，就会污染心地。佛陀说凡夫有贪、瞋、痴三种毒念，常常犯错亦自以为是，此即无明。日常生活中对人、事、物，应时时警惕是否三毒现形。若贪念现前，须以勇猛心调伏；瞋恚现前，用毅力来调伏；愚痴现前，则用智慧来降伏。

佛世时，祇树给孤独园附近有座小村庄，村民批评村长性情"暴恶"。村长觉得很纳闷：为什么自己勤于工作，用心照顾村民，大家却在背后批评自己暴恶，要怎么做才能有好人缘，让村民们满意？

他知道佛陀住在附近的精舍，于是有天早上到佛前请教："要怎么做，才能让大家改变对我的不好观感？"

佛陀慈祥地说："你先回答我一些问题：有

人受你的命令做事，如果动作慢一点，你会怎么样？"

村长说："我会生气，因为做事慢吞吞，代表懈怠，不够认真。"

佛陀再问："如果有人听你的指令，向前直冲，你会如何？"

他说："我也会不高兴，因为我是领导者，怎能不步步听令行事，只知往前冲呢？"

佛陀说："慢，你会生气；快，你也不高兴。你知道自己生气时的模样吗？你知道口出恶言时的语气如何吗？"村长听了佛陀一席话，心有所悟，就冷静下来思考。

村长深深反省后说："佛陀，我知道自己的缺点了，我心量太狭窄，缺乏善解、包容的心。应该善解做事缓慢的人，也许他是因为做事很细心；也应包容态度急躁的人，他是为了赶快尽到我的托付。我因为修养不够，思虑不周，常发瞋怒心，所以自然声色粗暴，容易口出恶言，难怪大家在背后批评我是一个暴恶的人。"

村长十分忏悔："佛陀，我很想要改过，如何做个温和的人？"

佛陀说："时时以善解、包容对待他人，就可以改变自己的形象。只要你有决心说改就改，村民们必会敬佩你和赞叹你是个造福乡里并且性情柔和的好村长。"

这个故事看似稀松平常，只是述说一个简单的观念，但如果能慎重对待，用心自我警惕，习气也会变得容易调伏。我常听别人说："道理我都懂，我也知道自己的脾气不好，但怎么可能立即改过？"这就是凡夫心。既然知道自己的错误，及时改过有何困难？

曾有位台湾的实业家偕太太来访，夫妻俩坐在我面前，太太说起先生脾气很大，员工都无法接受。先生一听，马上回应："别乱讲，我什么时候脾气不好？正因为你常说我脾气坏，才会让员工觉得我很暴躁。"

太太说："你动不动就大呼小叫，在你眼里人人都是错的；人家做得好，也不会赞美。"

先生不服气，大声反驳："我什么时候骂人？我什么时候脾气不好？"

我说："这个时候你就是脾气不好。我们要心平气和地接纳别人对我们的评论，常说：'当局者迷，旁观者清。'自己发脾气时都会显得理直气壮，没有想到得理要饶人，更不会想到理直要气和；能得理饶人而理直气和，就是修养。"

实业家听了，说："师父说的有道理，但是坏脾气已经成习惯了，能改吗？"我说："只要有毅力，必能降伏习气；毅力不够，就会被习气牵着走。"

习气的形成，是因为不断地和环境接触，性情受到影响，从而养成了习惯；习惯既然是后天的环境导致，也就能自我控制不受外境影响，更能进一步训练至"以心转境"的功夫。所以学佛须提起毅力，只要知错能改，持续改过向善，心地就不会受环境污染，心灵境界也就会更超越，宁静而祥和。

不受教的小鹿

　　佛世时，许多人向往佛法，发心出家，在僧团中生活，拳拳服膺、认真学习佛陀的教法，并落实在生活中。当时的僧团，行住坐卧皆具足威仪，举止庄严，所以受到世人尊重，是道德的模范。

　　后来，出家修行的人愈来愈多，僧团愈来愈庞大，难免出现不守生活规则的人。有一天，僧众在议论部分缺乏威仪的修行者。这时佛陀出现，问众人："刚才你们在议论什么？"

　　其中有人说："我们景仰佛陀的智慧，渴望接受佛陀的教法，因此出家修行。起初僧团非常和谐，人人自爱，不过最近有位年轻比丘不仅不肯接受长老的劝导，还对同修恶言相向；工作时也投机取巧，不肯付出。这种恶语、懈怠的比丘，我们不知道要如何调伏他。"

　　佛陀说："把这位比丘叫来吧！"年轻比丘立

即来到佛前，佛陀向他转述僧众的议论，询问是否确是如此？他很惭愧，低头承认了。

佛陀说："你真是令人怜悯呀！表面上，你是扰乱僧团；实质上，也是毁灭自己。你既然能知觉无常，投入僧团修行，却不守威仪，浪费生命，实在可惜。"比丘默然流下眼泪。

佛陀接着说："你不只是这一生，过去生中也一样，哪怕在畜生道，也是一样不精进。"于是说起这位比丘的前世因缘——

久远前，有一群鹿在山林中生活，当中有只最具智慧的鹿教授。它的妹妹生了小鹿，便带着小鹿去见鹿教授，说："哥哥，你在鹿群中最有智慧，我希望孩子能交给你教育。"

鹿教授说："我向来乐意教导鹿群懂道理、知礼貌、守规矩，更何况它是我的外甥，我当然欢喜传授。"于是双方约好时间，让小鹿来接受教育。

只是每当小鹿上课的时候到了，鹿教授却总是等不到小鹿。原来这只小鹿生性放荡，不肯接受鹿群中的规矩，甚至时时脱群，去侵害村里的农作物。有一天，小鹿被农夫所设的陷阱网住，无法脱困。天色渐渐晚了，母鹿很担心，怎么小鹿还没回家呢？就去询问哥哥。鹿教授说："它是只不受教的小鹿，从不曾来上课，应该是跑到不该去的地方玩耍，不小心陷入农夫的陷阱里。不要着急，我陪你去找找。"

不久，果然发现小鹿落入网中，被农夫背着向前走。母鹿非常悲痛，哀泣不止，鹿教授说："小鹿看起来伤势很严重，命在旦夕，哭也不是办法。"但是母鹿还是随着农夫的脚步走，鹿教授实在不忍，也跟随在后。到了农夫的住所，鹿妈妈即跪在农夫面前，悲切地哭叫。农夫十分疑惑，心想：我抓到一只小鹿，怎么后面跟着另外两只呢？不如将它们一网打尽。

这时，鹿教授突然开口说："众生虽然形貌不同，但生命平等；畜生也有母子亲情。亲人的生离死别最是痛苦，请您开恩放生。"农夫听了很惭愧——连兽类都有情义和智慧，更何况自己生为人身，是万物之灵！于是才放了小鹿。母鹿看到小鹿，不断地护着小鹿哀鸣。

佛陀说到此，对众人说："那只小鹿就是现在这位悭贪、恶口的比丘。他过去生不合群，不好好地学习团体生活，到现在也是如此。"

年轻比丘听了相当惶恐、惭愧，心想：过去是兽类，今世好不容易得为人身，听闻佛法，竟然浪费时间，不思精进！从此发愿要守好仪则，精进闻法。

在团体中要自爱，顾好生活规则及身形威仪，才是修行的基础。在修行之路上，进，是自己精进；退，是自己堕落。所以要调适身心，步步踏实前进，让慧命时时成长。

虚妄的优势

古云："天有不测风云，人有旦夕祸福。"佛陀苦口婆心地教导众生：世间无安，生命无常。但是，很多人明知如此，却仍让生命在无所事事中空过。

佛世时，佛陀领众在祇树给孤独园修行。当时有七位外道修行者，他们发现多年劳苦的修炼，却无法真正体会真理，所以来到佛陀的僧团，希望随佛修行。佛陀慈悲接纳他们，并让这七人同住一处。

然而这七人却不懂得自爱，也不知精进，整天在同住的寮房里高声谈笑、放纵不拘。一日，佛陀到他们的居所，这七人见佛陀来了，都感到惶恐不安。

佛陀对他们说，世人有五种优势，反而容易因此堕落：一是自恃年轻，觉得不认真修行也无妨，因为未来时日还多，所以空过岁月无所谓；

二是倚恃相貌端庄，能讨人欢喜，自以为不论怎么做，别人都不会计较；三是以体力、知识为凭借，傲慢自满，认为才华、能力过人；四是仰仗财富丰厚，觉得有钱就能为所欲为；五是依靠传统的贵族身份，妄自尊大。

"你们七人到底仰仗了哪种优势？竟然如此空过时光！"七人听了佛陀严肃的鞭策，皆俯首认错。

佛陀见他们有忏悔之心，慈祥地劝道："世间无常，生命不知何时结束；财富、体健与美貌也不足为恃，不论具有何种优势，无常都会来临。你们应该好好运用生命，把握因缘精进修行，用心体会真理。"

想想，佛陀原本贵为一国太子，拥有国家的继承权，同时相貌庄严，不论是财富、相貌或是地位，都有优越的条件，却能放弃所有而专心修行，何况是凡夫呢？

人人皆有清净的本性，只是被后天的习气所

蒙蔽，有的人即使身在佛陀的僧团中，也不肯精进而放纵懈怠。现代也有人仰仗自己的社会地位、财富等等，而有莫名的优越感，实不知这些都是无常、虚妄，不足以倚恃。其实道在人心，是否领悟，端看自己；唯有把握生命、精进不懈，不让分秒时间空过，并且积极发挥良能利益人群，这才是值得学习的精神，也才是有意义的人生。

走上菩薩道，佛在心中。

静思法脉勤行道

诚正信实
四弘誓愿

凡夫迷在人间路，人间多歧途，

一念之差，便千错万错。

"静思法脉勤行道"，有缘走入慈济，

从人间路走上菩萨道，

就要先发大心并断除烦恼，

以诚正信实入人群，

发四弘誓愿度众生，

才能贴近佛心，与真理相契。

第三章

诚正信实

不识菩萨真面目

常说学佛须正信，如何正信？应从培养清净心做起。心若能时时保持清净，就不易受外境诱引而生烦恼；心无挂碍，所以能付出无所求，感到轻安自在。

佛经有一则故事——

有位对三宝至诚恭敬的长者，常到寺院礼佛、瞻仰佛菩萨的法相。他尤其对文殊菩萨身披璎珞七宝、手持智慧剑的庄严法相格外敬仰，常祈求文殊菩萨能现身相见，但许久都未如愿。于是他发愿举行法会供养千僧，但愿这分诚意能感动菩萨现前。

法会当日，长者特地准备了一张豪华的法座，满心期盼文殊菩萨到来。此时，陆续前来参加供僧法会的僧众中，突然出现一位衣衫褴褛、形态丑陋的出家人。这位出家人拄着拐杖一跛一拐地入场后，竟直往法座上坐。长者见状，连忙劝阻：

"这个座位另有他人要坐。"强硬地将他拉下。

这位出家人执意要坐，二人在座位间拉扯，直到第七次时，长者终于面露不悦地说："这个座位是为了迎请我最敬仰的文殊菩萨而设，为何你非坐不可？"

出家人听了这席话，便走到角落坐下，默默地接受供养。直至法会结束，长者都未见文殊菩萨到来，心中感到非常失落。

当晚，长者梦见文殊菩萨现前，又惊又喜，赶紧恭敬礼拜。文殊菩萨说："你不是很期待见到我吗？为何今日我上座七次，你都将我拉下？"长者一听，从梦中惊醒，恍然大悟，既懊恼又后悔。

诸佛现相人间，本是不定相；何况佛菩萨也教育世人须以慈悲等观面对众生，即使布施也要有平等心，为何在表相上起分别心？真正的修行要用清净心，不可著相，有所执求；不受人、事、时、地、物、理障碍自心，就是走在实践正信佛法的道路上。

放下布施著相的挂碍

佛陀住世时游化在印度恒河两岸，弘扬佛法，救度苦难，其智慧、妙法，令后世受用不尽。

有年结夏安居期间，舍利弗奉佛陀慈示，配合舍卫国的给孤独长者，两人合作重新整修祇树给孤独园。因为佛陀住在迦毗罗卫国，所以舍利弗必须往返于迦毗罗卫国与舍卫国之间。经过三个月后，整修工程即将完成。

舍利弗至舍卫国，告诉给孤独长者："祇园精舍修缮工程要竣工，佛陀很高兴，打算在解夏之后，寻个日子从迦毗罗卫国来到舍卫国。"

给孤独长者计算时日，再过不久结夏安居就结束了，于是欢喜地禀告波斯匿王："精舍即将完工，佛陀就要来到舍卫国。"波斯匿王听了也十分高兴，下令派一队使者前往迦毗罗卫国迎接佛陀。

使者出发之前，给孤独长者为了表示尊重，

亲自写一封信交与使者，嘱咐他们："你们到达之后，将这封信亲手交给佛陀，代替我在佛前顶礼膜拜，行接足礼，迎请佛陀来舍卫国。佛陀有何交代，记得回报；倘若没有，就是默然允许，也要回报。"

使者带着长者的亲笔书信，日夜赶路到迦毗罗卫国，求见佛陀。佛陀接见使者，使者敬呈书信，并行接足礼，虔诚顶礼佛足，表示波斯匿王与给孤独长者的诚意。

佛陀阅毕书信，微笑回应。使者见佛陀默然微笑，心知佛陀的意思，于是派人回国禀报："佛陀已经答应，近日应该就会成行出发了。"消息传到舍卫国，人民都非常高兴，全城上下洒扫得非常干净，等待佛陀来临。

数日后，僧团浩浩荡荡地来到舍卫国，人人欢庆。僧团从进城开始，就有香花迎接，人们排成长长的队伍行接足礼，一直绵延到祇树给孤独园。国王与给孤独长者也虔诚地前来迎接，将座位都安排好，请佛陀就坐，接受供养。

给孤独长者亲自用金盘盛水，捧至佛陀面前，欲让佛陀净手；但是盘中明明有水，怎么到佛陀手上时，竟无法倾水？长者着急地心想：我做错什么事吗？是否有恶行呢？为什么供佛的时候，水却倒不出来？

　　佛陀见给孤独长者着急，遂面带微笑说："不要急，长者，你没有做错事，没有犯恶业，只是你重新建设园地，提供这么大的地方给僧团清修，心中难免居功，认为：这是'我'布施的；常说'布施无著相'，只要你将著相的心放下，水自然就会流出。"

　　长者内心一震：对啊！佛陀要来时，我心里不禁觉得献出这片园子，还重新整修精舍，自己行大布施，居功厥伟，这种心态就是"著相"。给孤独长者当下去除了"布施著相"的心念为佛陀倒水，果真清水缓缓而出。

　　这则故事表示的是：给孤独长者确实是佛陀的大护法，在兴建精舍之前，曾用黄金铺地，买下祇园；日后，也护持重新扩建整修工程。给孤独长者这分虔诚的心、护法的精神非常难得，但是他毕竟还是凡夫，难免因布施而著相。

然则佛陀教育修行者须心无挂碍。虽然是布施，但是也不能因此有执著的心态，应达到"三轮体空"的境界——施者、受者、施物三者皆空，如此心才会清净、轻安。

佛陀对光明童子的预言

　　人人都想追求幸福，何谓幸福？人人的定义各不相同，有人认为去除烦恼，心灵安定，只要轻安自在就堪称为幸福；也有人对幸福的界定是获得财富、名利、地位等等，无穷尽地追求物质欲望，却无法得到一分心灵的满足。

　　一般人所求的种种欲望是否真能得到？有许多未知数。因此有人就会求神问卜，寻求鬼神给予答复。这些求于虚无的殷盼，也造成很多人的烦恼及困扰。

　　现代人况且如此，古代民智未开时，一些迷信妄言，人们常常会信以为真，因而感到惶恐，做出一些愚痴的事情。佛陀所处的古印度时代，宗教复杂多样，有许多外道，各有不同的修行方向。有的修行者尽管名义上也是在修道，却是为名、为利而竞逐。

　　当时摩伽陀国有一位善贤长者，信仰外道，

平常都会供养外道修行者。然而长者常常听说，世间有一位名为佛陀的觉者，带领僧团四处游化。他虽然不曾亲见佛陀，但是内心却生起仰慕之情。

当佛陀游化到摩伽陀国时，善贤长者远远地看见佛陀带着弟子往他家的方向走近，僧团人人具足威仪，特别是佛陀庄严的仪容，散发着智慧的光芒，不禁心生欢喜，赶紧来到佛前恭敬顶礼，请佛陀到他家接受供养。佛陀至长者家中，当时长者的妻子身怀六甲，于是长者请教佛陀："佛陀，内人怀孕已将足月。您看她怀的是男孩是女孩？将来出生后，我子的命运如何？"

佛陀慈祥地回答："夫人怀的是男孩，吉祥有福气，能兴旺家族；他的智慧，能透彻人生的道理及无常，将来会在我的僧团中出家。"长者听了安心满足，礼佛之后，恭敬地送别佛陀。

当佛陀离开长者家时，刚好被一位外道修行者撞见，他很担心长者因此转而信佛，所以想尽办法破坏佛陀在长者心目中的地位。

外道者走进长者家问说："刚才是不是瞿昙（编按：佛陀俗家族姓）来了，与你说了什么吗？"

长者说："是的，刚才是大觉圣者佛陀驾临，我向他请教内人怀的胎儿是男或女，以及我子将来的命运如何。"

外道者问："他又是怎么对你说？"

长者高兴地回答："佛说是个男孩，将来会带给家庭富庶兴旺，孩子还能享受大福，并在佛门中修行。"

外道者相当不以为然，对长者说："你请夫人出来，让我看看她的面相、手相。"

长者请出夫人，外道者端详了一会儿，说："瞿昙说的话，有部分是对的，有部分是虚妄的。胎儿确实是男孩，享福却是无稽之谈，不仅如此，还会让你的家庭衰败。"长者本来非常欢喜，但是听了外道者警惕他的话，即转喜为悲，担心孩子出生后，为家庭带来厄运，烦恼得不知如何是好。

外道者离开后，长者心想：孩子固然是我很大的期待，太太也是我心爱的人，但是整个家族更令我不舍；为了一个孩子而带来灾难，使家庭破灭，实在不值，必定要在孩子出生前处理掉。于是决定牺牲妻儿，保护家族和产业。

他准备了一种毒药，给太太打胎——只要涂在女人腹部皮肤上，就会导致流产。长者狠心将毒药涂上，即使足月的胎儿不停胎动，他还是不歇手。结果夫人痛苦万分，经过一番挣扎，终于往生了。长者见母亲既然断气了，胎儿想必是胎死腹中，一时心情复杂，大声哭泣，周围的亲戚、邻居都闻声而来。眼看人死无法复生，众人便准备丧事，将亡者送到尸陀林火葬。

长者心中对妻子非常过意不去，就用华美的衣服及珠宝陪葬，以隆重的仪式送行。外道者听到这消息，欢喜地对大家宣布："瞿昙沙门游化至此，对善贤长者说：'长者夫人会生福子，庇荫家庭，享受天福，最后在沙门僧团修行。'他的预言如今何在？大家都知道长者夫人气绝往生，现在要送到尸陀林了!"

同时,佛陀听闻了外道的行为,就要弟子们整理好衣服、仪容,也一同前往尸陀林。

途中,僧众遇到二童子在路旁游戏,一个是婆罗门种姓,一个是刹帝利种姓。两人谈论长者之事,婆罗门童子说;"释迦的预言是错的,他说的法是虚妄的。"

刹帝利童子说:"不对,佛陀是真语者、实语者、不妄语者,即使日月能堕地、山石能飞天、河海能干涸,佛陀说的话也绝对可信。一切待事实证明。不如我们一起跟随大家前往尸陀林。"

摩伽陀国的国王——频婆娑罗王是佛陀虔诚的信徒,听闻众人相传佛陀的预言错误,他相信佛陀绝无妄言虚语;当得知佛陀亲自带领弟子前往尸陀林,觉得其中必定有因缘,因而吩咐大臣:"佛陀今天在尸陀林,一定有用意。大家整装前往。"

各方人马到达之后，长者夫人的尸体已安置妥当，四周柴草也堆好了。长者即使有些后悔不舍，但人已死了，无法挽回，只好引火焚尸。正要引火时，外道者忽见佛陀面露安详、从容不迫，内心一震，连忙走近长者身边低声说："你看，瞿昙庄严镇定，我想，你的儿子可能还没有死。"

长者说："那怎么办？"

外道者说："如果孩子没有死，将来要修行，就加入我的门下。"

当火烧到身躯时，忽然间夫人腹部裂开，周围的火渐小，宛如绽放光芒，涌现莲花，托着一个孩子。

众人见状，不禁哗然！这到底是怎么回事？母亲已经死了，而且在进行火化，为什么会出现一个可爱的孩子？大家面面相觑，连忙救出孩子。

此时佛陀向长者说："长者，将这孩子带回

去吧！"

外道者对长者说："不可，母亲已死又火化了，这个孩子却能在火中生存，可见他不吉祥；若带回家抚养，家业一定会受其影响而败坏。"

长者听信外道者的劝说，连忙摇头，拒绝带回孩子。佛陀转身对刹帝利种姓名为寿命的童子说："寿命童子，婴儿能否由你带回抚养？"

寿命童子说："我不适宜带婴儿回去，我没有办法抚养他啊！"

佛陀接着对国王说："国王啊！你看这孩子多可爱！可否由你带回皇宫抚养？"国王心想：佛陀的托付，我当然要承担责任。

佛陀知道国王的心意，就对长者说："长者，你意下如何？要将这孩子带回抚养，还是让国王带走？"长者依旧听从外道者的话。

佛陀只好将孩子交给国王，国王便将孩子抱

起，请佛陀为他命名。佛陀说："既然他是从火光中出生的，就取名为光明吧！"并殷殷嘱咐国王妥善照顾这孩子。

众人在尸陀林中，见证了佛陀的预言。光明童子受到如此灾难，还能保存性命，并得到国王的收养，足见佛陀真正是实语者、不妄语者。大家对佛陀的信仰更加坚定，并从佛陀对国王的嘱咐中，听闻许多法语，进而心开意解，欢喜赞叹。

国王带光明童子回皇宫，挑选八位嫔妃当他的母亲——两位是抚育的养母，两位是哺喂的乳母，两位是负责清洁沐浴的净母，两位是陪伴孩子游戏的戏母。佛陀预言光明童子将来能享受大福，应该是指他在皇宫里受到国王的疼爱、八母的养育。

另一方面，光明童子的舅舅长年累月在外经商，当他听闻自己的妹妹怀孕了，并且佛陀预言她会产下福子，欢喜地赶快结束国外的生意。没想到回国后，妹妹却已经往生、火化了。他非常悲伤愤慨，听闻邻居细说事发原委，完全不能谅解妹婿的行径，便前往理论。

然而事情都发生了，又能如何？最后光明童子的舅舅对长者说："过去我可以不追究，但是你应该要将孩子带回来。否则我一定计较到底，对全国人民宣告你是一个不仁不义的人，是个杀人凶手，并揭发你的种种恶行。"

长者被妻舅教训后，内心懊悔不已，也觉得应该带儿子回来，于是求见国王。国王说："当初是因为佛陀的托付，我才领养你的儿子。今天你想要回，最好向佛陀说明。"

长者赶紧到佛陀座下虔诚礼拜、忏悔，请佛陀慈允他的请求。佛陀见长者真心悔过，就派阿难到皇宫，请国王将孩子还给他。国王也尊重佛陀的决定，对长者说："我可以把儿子还给你，但是我们已经和他建立深厚感情，大家都非常疼爱他，所以你必须每天带他回皇宫三次，让我们看看。"

善贤长者接受条件，将孩子带回抚养，并让

他在幸福的环境里长大。几年后，长者往生，所有的家业由光明童子继承，人们称他为光明长者。他心想：父亲因为迷信，要母亲打胎，损害一条生命，无不是由于贪欲、无知而造作杀业。从此，他广为供养僧伽，成为大护法，帮助所有的修行者；最后，如佛陀所预言的，他走上出家修行之路。

从光明童子的故事，可知人生要有正信、正念，常保心地清净；倘若心有一点污染、迟疑，就容易被邪见、邪念所引诱，造成不可挽回的灾难。

人间的幸福并不是在财物、利益的追求，而是在心灵的平静。人人心存正念，不被无明烦恼遮蔽，生活即轻安自在。

歌舞伎的觉悟

凡夫心念起伏不定，时时有生灭的烦恼。其实善念常出现在生活周遭，有人懂得及时把握，进而坚定信念化为行动，即能成就善业。可惜的是一般人欠缺把握善念的智慧与决心，往往光明已经在眼前闪耀，却因定念不够，而让慧命的灿烂光辉消逝。

佛陀在世时，游化于恒河两岸说法，有人听闻后便发心出家，因为能发勇猛心付诸行动，所以得以"求法得法"；乃至一般在家居士，也都有很大的启发与感动。

当时的印度社会有种姓制度，而佛陀突破这种观念，认为"众生平等"，因此许多身份低微的人，同样受到佛陀的慈悲教化。曾经有一位在风月场所讨生活的歌舞伎，也前去听闻佛陀说法，听了之后非常感动，又自叹身世坎坷，为何会从事这种博取男人欢心的职业？不禁深深地替自己感到悲哀。

有一次，她在一片宁静的树林中，一边散步一边思考："我现在还年轻，面容姣好、体态轻盈，能得到很多人的喜爱，过着歌台舞榭的生活，可是将来老了怎么办？佛陀教育我们，人生'苦空无常'，我应该放弃现有的生活，出家专心修行。"

她下定决心后，朝佛陀的精舍走去。路上经过湖畔，想要捧些水来饮用；只见湖水平静如镜，一弯腰便看到自己美丽的倒影。她想："我正值花样年华，难道就这样出家了吗？"内心犹豫不定。

不久，她来到一个小镇，遇上一位打扮艳丽的女人，两人互述心志，十分投缘。小镇的女人说："你长得这么美，出家不是很可惜吗？我们很有缘，不如一起努力追求富裕的生活。"歌舞伎也觉得有理，心想：反正我还年轻还有大好青春，过一段时间再出家也不晚。

于是两个人愉快地相偕而行，后来小镇的女人觉得累了，坐在树下休息。没多久，歌舞伎很疑惑——她怎么一动也不动，打算摇醒她，未料那个女人已经往生了。歌舞伎惊恐万分：刚才明明还好好的，怎么突然间就死了？

当时天气炎热，很快地，尸体便发出一股污浊的臭味，带给她很大的震撼——过去听佛陀说法，只知道生命无常，今天才真正体会：生命就在呼吸之间！一旦断了气，身体很快就会腐烂，如此丑陋污秽的身躯，为什么还要贪恋呢？

她忏悔自己的道心不够坚定，只知"道理"，却无法信受奉行；虽然生起道心，却又很快地退转，放弃了修行的信念。

这时，佛陀慢慢地从远处走来，发现这位惊惶失措的年轻女子，便慈祥地问她原由。她听到佛陀的问话，由衷发露忏悔，跪拜在佛陀面前，并说明经过。佛陀告诉她："难得你有因缘得以闻法。但听法后要有坚定的信念和决心，才能真正脱离人生的苦难。"

佛陀又说："人生有四项必经的自然法则——

生、老、病、死，依恃一时的年少貌美，终究还是会衰老丑陋，即使再健康的人生，也有死亡的一天。眼前这个女人就是最好的例子。"

"至于六亲眷属，有相聚就有分离；荣华富贵也不久长，总有失去的时候。人生难以欢喜常聚，一切都是聚散无常。"听了佛陀一席话，她真正地觉悟了，立志修行。

有坚定的道心，善念生起，就能及时把握，恒持奉行，降伏内心贪、瞋、痴、慢、疑的蠢动，而不必畏惧生死的无常，人生必然有所成就。

穷者须赖的菩萨行

人人都有善心，坚定信念行善造福，就能为世间增添光明与温暖。

佛世时，有位名叫须赖的修行者，听法十分入心，深信只要用心依循佛陀的教法，任何人都能行菩萨道。

当时印度有许多人生活困苦，处处可见无衣无食的人，尽管须赖家境贫穷，但是他会想办法打工赚钱，将所得毫无保留地付出，照顾苦难人，并引领他们听佛说法。须赖就是如此好乐佛法的贫人，能身体力行佛法，许多人因深受感动而信奉佛法。

某日，天帝释发现须赖的影响力很大，担心有朝一日威胁到自己的地位，于是设法动摇须赖行善的信念。天帝释先派一群恶人以粗言辱骂，须赖却是身心安住于思考佛陀所说法，不受影响；那群恶人再如何以凶恶的形态和行动威吓，只见他面带微笑，安然自在。

天帝释见威吓不成，便改以利诱，亲自化身为人，出现在须赖面前，并献上一座纯金宝塔，说："我知道你乐善好施，请将宝塔收下，换了钱布施给苦难人。"

须赖微笑说："这不是我劳力所得，何能接受你的好意？"婉然拒绝。

天帝释施展种种试验都失败，最后现出原貌问："你到底想要什么？"

须赖说："我只希望天下平安，众生能脱离苦海，并且接受佛法、远离恶道。"天帝释既感动又惭愧地说："您真是一位菩萨！"向须赖顶礼、忏悔。

佛陀知悉须赖不受天福影响，不受环境恶劣的威胁，仍是尽己力为人群付出，是真行菩萨道者，便对弟子说："须赖在过去生中勤修佛法，故此生虽贫无苦，还能造福。而他生活贫困正是他修学佛法的增上缘。"

这就是佛陀借世间事教育人群，所以我们要用心，周遭环境无不在说法，人与人之间无不是修学的课程。

现代社会也有许多见苦难即献爱心的人，其实人人都有不忍人之心，如能愿意从自身做起，也可以发挥善念，付诸行动，让温馨满人间。

小善行大影响

　　人生何其短暂，如朝露晨雾，一闪即逝。但是把握时间，多行善事，即使小善也有意外的影响力，充实生命。

　　日本福冈有个车站，每天有近三十五万人次出入。有位警察天天在车站站岗，逢人就微笑问好，给予真心的祝福。

　　这个车站原本每个月接获民众报案达八十多件，自从这位警察开始站岗后，报案量不但日渐减少，甚至在四个月后达到零犯罪。想想，一个轻柔的微笑、一句温暖的祝福，就能让人人欢喜、让车站变得祥和，可见爱的力量有多大。

　　花莲慈济医院有位资深员工林阿姨，投入护理工作已逾半个世纪。创院时，她从台大医院退休到花莲服务，承诺要好好地守在工作岗位。她发挥数十年的经验，医院尚在工程中就开始协助采购，一手创立医疗器材供应中心，并且用爱心与耐心，带出一群敬业乐群的同仁。

林阿姨对于手术房的每一件器械，都做到完全消毒，仔细检查，以保障病人安全；还做好分类，以符合医师的使用习惯，让手术顺利进行。走入供应中心，每一角落都很干净，同仁个个都勤劳有礼，处事一丝不苟。

每天同仁上班时，都会向她问候，离开时也会互相打声招呼。大爱电视台的记者问林阿姨："他们怎么这么有礼貌？"

她说："要教啊！这就是慈济的人文，伦理、礼貌都要具备。"

现代社会缺少礼貌与伦理，倘若人人能懂伦理、守礼仪，力行不辍，则无论生命是长或短，都能发挥各自的价值。

有次林阿姨不慎跌倒，摔断骨头，仍然抱伤坐镇供应中心，同样满脸笑容，仪容整齐，一点都不像受伤或有病痛。即使年迈，也不必使用拐杖，依然精神奕奕地在医院奉献良能。

　　总而言之，无论何种身份、地位、年纪，都要把握生命使用权，不轻视任何一个人，也不轻忽任何一件事，勿因善小而不为，时时用心为自己写下美善人生。

第四章

四弘誓願

修行不能光看外表

学佛能让心保持平静，时时轻安、愉快。常说"慈是予乐"，其实给人快乐，也应该给自己快乐，能远离忧愁、惶恐与不安，自然就不会增添他人的烦恼。

有段时间，佛陀与五百位比丘住在祇树给孤独园。某日早上，波斯匿王想礼佛、听闻教法，便命侍卫准备车辆前往。

波斯匿王抵达之后，向佛虔诚礼拜，坐在佛陀身边。那时，离佛不远的前方聚集一群外道，有尼犍外道、梵志外道、婆罗门外道以及其他裸体修极苦行的修行者，当他们离开佛陀的面前，波斯匿王问佛："佛啊，您看！刚才在我们不远处有一群苦行者经过。他们如此苦修，舍弃人间的物质欲念，是不是已经证得阿罗汉果？"

佛陀说："大王，你还分不清楚，什么样的修行是证得阿罗汉果位。让我举个例子告诉你。"

于是佛陀讲述一则故事——

长远劫前，同样有一群修行者修极苦行，期待将来能生在梵天或是忉利天、四王天，或是生在人间为大国王，这是他们修苦行的目标。

那时，梵天有一位阿私陀天师，是婆罗门的祖先。他知道这群修行者从外表看起来是极苦行，舍弃世间一切物质欲望，内心好像没有贪著，其实是另有所求，如此不是正确的修行方法，所以他打算教导这群苦修的行者。

他从梵天降临人间，到了离苦行者不远处，将天服换下，穿着平常婆罗门的衣服，在这群裸体苦修的人面前走来走去。这群苦行者，眼见这位衣着整齐的人在他们面前大摇大摆，起了瞋怒之心，说："这人从哪里来的？这种不清净的修行，身著欲念，不离世间物欲，怎么会来我们这里呢？"众人盛怒之下，一起口念咒语诅咒，用水泼向阿私陀天师。

水不断泼在天师身上，但是他仍安然自在，带着笑容，没有一点怒气、惶恐和惊怕，内心的慈祥皆表现在脸上。苦行者见对方处之泰然，赶快停止泼水，瞋怒的心也慢慢地消退。当大家心平气和时，就恭敬地向阿私陀天师请法。

　　阿私陀天师说："你们这种苦行是错误的，修行最重要的是心灵不受外境所影响。你们只是看到衣着整齐的人就起心动念，发瞋怒心，这算是修行吗？你们只修身体的苦行，没有注意内心受贪欲污染。修行的目标不应该是求生天界或投生富贵，唯有内心清净，才能感召梵天的清净果报。"

　　佛陀对波斯匿王说至此，就说："大王，修行不是光看外表，还要懂得观察修行者的心态，知道其修行方向是否正确，才能亲近、与之学习。"

　　波斯匿王听了之后，似懂非懂，对佛说："佛陀啊！我大概知道，还不能透彻了解，但是国务繁忙，我须赶紧回去料理国事，不能再向您深入请示。"向佛恭敬顶礼，驱车回宫。

俗务缠身的人，难以理解宁静的心灵境界，透彻真理。所以修行说来简单，但是要彻底体悟，仍是很困难。"如人饮水，冷暖自知"，唯有修行者自己知道，在日常生活中，人、事、物之间，是否常保轻安，是否有得失烦恼。

真正的傻子

佛陀教育我们，烦恼不出于贪、瞋、痴、慢、疑。这五种毛病会妨碍修行，无法调和人事物，致使烦恼丛生，所以要时时警惕自心，在日常中磨练心志。

人与人之间的相处，常为逞一时之快而造口业，有时一句话就会伤及他人，这可说是一般人的通病；换个立场来看，如果自己不懂得善解，也会时时被别人的话所伤害。

佛经中有则故事——

有一个失去理智的人，将一个秃头当作一颗石头不断地捶打；这个秃头的人也放任他，以至于被打得头破血流。

旁人说："你怎么不逃跑呢？"

秃头的人说："那个人是傻子，才把我的头当成石头打，何必与他一般见识。"

旁人说："对方是失去理智，将人的头当成石头，你不躲他，才是真正的傻子。"

这和修行是同样的道理。假使修行没有要求自己，不肯调伏自心，尽说别人没有理智，或批评别人的错误，却不回避错误的行为，就很容易伤害到自己；自己懂得如何回避是非，对待他人也能善解、包容，知所应对进退，才是真正有智慧的人。

修行若不能好好调整自己的心态与行为，无法称为修行者。同时修行也不离人群，只求别人和颜悦色，或温言暖语对待，这是不可得的；应该先予人和气的声色，精进自己的修养，再以自我的德行、身教引导别人走上正向的道路，这才是佛陀自度度人的教育。

"我"太多了！

人生之苦莫过于"人相"、"我相"、"寿者相"、"众生相"四相分别的障碍，其中平常人最执著"我相"，有了"我"，就会分别他人，一切都是以"我"为主，别人不能占我的便宜，一定要对我好；别人的事都与我无关……沉于人我的分别，难以解脱！

曾有一桩有名的公案，值得用心思量——

有位修持高深的禅师，平易近人，拥有许多信徒。一日，有位心中充满疑惑的居士请教禅师："禅师，我虽然常常来此参禅，希望能参透、突破一个疑问，却始终不能了解。本来想这只是小问题，不敢打扰您，但是花这么长的时间，还是参不透，只好前来请示。"

禅师说："没关系，不用客气，尽管提出来谈谈。"

这位居士说："请问禅师，什么是佛？"

禅师微笑回答："居士，你就是佛！"

这位居士觉得莫名其妙，也万分惶恐，赶快正襟端坐对禅师说："不敢！不敢！我还是个凡夫。"

禅师慈祥地说："因为你还有一个'我'，这个'我'占满了你的心，障碍了自己，而不知道自己就是佛。你的'我'太多了。"

居士仍不明了，再问："禅师，既然你说我就是佛，那请问禅师，你呢？"

禅师说："唉！你为什么想这么多？有一个'我'就令人无法成佛了，还要加一个'你'，那更无法成佛了！"

居士一听，恍然大悟。

凡夫都很在乎"我"，也很在乎别人，对人有

种种分别。除了"人相"、"我相"外，还常分别
"众生相"，以名利、地位、贵贱等等去分别他人
的阶级；除了对人之外，也分别何种动物是喜欢
亲近的，何种动物是惧怕、讨厌的。由于不断地
生起分别心，所以产生种种你我对立的烦恼。

此外，凡夫还有"寿者相"的分别，认为有
"生"一定有"老"，以为人生路长，一定有漫长
的寿命，所以懈怠、堕落。

凡夫在这四相的分别中有难以克服的障碍，
因而无法体认本具的佛性。我想起电视上曾播映
一则公益广告，广告中年轻的父亲，在上班时，
只要向主管报告业务，就觉得浑身不舒服；但回
家和孩子一起玩耍，让孩子把他当成牛马来骑在
背上，便玩得很开心，画面也很温馨。

这就是"相"的分别与执著，为了生活，所
以心不甘情不愿地向主管报告，为公司做事；回
到家里，为孩子做牛做马就兴高采烈。这是为什
么？因为父子情深，为了家人付出而欢喜，这也
是一种众生相。

倘若我们能将心胸扩大，包含人我、众生、天地、宇宙一切万物，如此一来，便能充分发挥爱心，达到"人伤我痛，人苦我悲"的境界。

受刑人的惭愧心路

内心有明确的"大直道"，才有修行的目标、觉悟的依据；如果不能坦荡如康庄大道，就容易迷失人生方向。

为人坦荡必须心存"惭"与"愧"。一般人习惯连用"惭愧"二字，其实两者的意义并不相同，所以佛教将惭、愧两字分开解释。

惭是"惭己"，愧则是"愧他"。"惭己"就是要能时时检讨、反省自己的一切心念、行为是否正确；还能考虑社会、人群的看法与评价，若有不妥或有损及他人之处，人格便有缺陷。

除此之外，还要"愧他"。譬如他人有卓越的成就、圆满的德行，我们要积极仿效；千万不要因嫉妒而不肯精进，这就落于无"愧他"之心。

希求人格圆满，为人处世一定要抱持"惭愧心"，否则容易放纵、懈怠而不知精进，更甚者由自卑转为厚颜无耻，变本加厉造作恶业，往往成了犯罪的渊薮。

多年前，有一位正在服刑的受刑人，彻底觉悟后当众分享他的心路历程。他曾经做过无数坏事，被判刑八年。服刑期间仍旧无知，日日埋怨；后来经过彻底省思，终于明白过去犯的错误，就是因为缺少惭愧心。

他一直觉得为什么别人能成功，自己就不能？却没有想到别人是用心投入，认真学习，循规蹈矩才有一番成就。他只是一味地自怨自艾，总想着若有好机缘，一定也会成功。

从前，他不知惭愧，做错事情也不认错。对于父母的训诫、殷切的期盼，不仅不接受，还非常反感，让年迈的双亲伤心欲绝。对于别人的批评，也毫不在意，总是认为：错是我的事，与你有何关系？他人若更进一步指责，他愈加反弹，便想：既然错了，就错得更彻底吧！终于造作了难以挽回的憾事。

他身陷囹圄，常见慈济人前往监狱辅导，因而启发了许多受刑人的惭愧心，使他们自我反省，勇于面对自己的错误。同样，他自己也深受启发，行为逐渐改变，发愿将来出狱后，要好好地做人，还要投入慈善事业，利益人群。

佛陀说："凡事从心起。"时时将心照顾好，就会顾守本分、端正行为，也会把握时间，分秒都舍不得浪费地精进，使内心没有任何偏差，直行于圆满觉道。

寻找金罗汉

凡夫的私心重、贪念大，难以满足。从前有一位农夫，天天拿着锄头巡视田地，安贫乐道，逍遥自在。有一天他挖地时，突然"铿"地一声，发现地底下有个瓮，装着一尊金罗汉！

那尊金罗汉出土时金光闪闪，于是他拿去请金匠鉴定。金匠师傅说："恭喜你！这是纯金的金罗汉！依我的经验推测，一定还有其他十七尊，如果十八尊集合起来，那就价值连城啊！"

农夫回家后，为了寻找另外十七尊金罗汉，夜以继日地挖，将所有的田地掘得天翻地覆，却毫无所获。

从前他什么都没有，过得闲适恬淡，如今却为了金罗汉寝食难安。

倘若他能换个角度想：我有一尊金罗汉很欢喜！如此知足常乐，仍然可以过着心灵富足的生活；但是，他少了这分心，欲念之门大开后，无止境地追求，这是多么痛苦呀！

所以，"心要照顾好"，不论人、事、物如何变动，都不要动摇，才能身心轻安自在。

敦厚善良的老阿公

　　我们平时为人处世，须谨言慎行，注意因果。倘若在不经意之下，结了恶缘、种下恶因，日后自然会得到恶果。所以必须自我警惕、修养品德，如此就能少种苦因，少结恶缘。

　　曾听闻慈济医院志工的分享，有位高龄九十八岁的老先生，一日不慎跌倒，脱口而出的第一句话竟是："对不起，我跌倒了。"他的家人赶紧将老先生送医急救，由于需要开刀，所以就住进医院。

　　医师顾虑老先生年岁已高，不知能否承受开刀的风险？须先仔细检查评估。检查期间，老先生的子孙与医师、志工有良好的沟通和互动。老先生的一位孙媳妇告诉志工："我们阿公很有修养，帮他做什么事，都会向我们道谢，时时说好话。"

　　志工也问老先生："阿公，听说您跌倒时立刻就说'对不起'，为何要道歉呢?"老先生回答：
"我跌倒时，第一个念头就是：万一受伤，会拖累
子孙，会增添他们的麻烦，所以就说'对不起'。"
他时时怀着感恩心，种好因、结好缘，"感恩，谢
谢"常常挂在嘴边。一旦身体微恙，还担心造
成子孙的困扰。因此，子孙也都对他十分敬爱、
孝顺。

养生之道无他，唯有心宽念纯。我们应该向
这位深具修养的老者看齐，学习这分敦厚善良的
风范。

珍惜手足情

时光不断流逝，我们所造作的善、恶种子，也会随着日子的消逝而累积。若能视人我是非为教育、磨练，就会增长智慧；倘若一味钻牛角尖、执著计较，就会成为无明烦恼。就如本来是单纯的一句话，在复杂推想之后，烦恼的种子往往在无形中成熟、现形。

现什么形呢？也就是埋怨。如果心中有埋藏一念怨恨，表现于形态及动作、语言就会现瞋怒相："我要这样做，为什么别人都不听我的，不与我配合？"但若能以善解心思考："尽管对方这样对我，我也不在意。"自然能平息彼此的纷争，转恶缘为善缘。

常听闻慈济志工分享以心转境的例子。有一位委员，由于父母已不在人世，和兄嫂的感情又不好，婚后已有十年没有回娘家。

她的母亲在世时，曾在儿女团聚时对她说：

"你只有一个兄长，要以长兄为父、长嫂为母，尊敬兄嫂，如此他们才会疼你。"

接着又对儿子说："我们年纪大了，你要像疼女儿一样疼妹妹。"

大哥回答："妹妹和女儿怎么会一样？女儿是我的骨肉；妹妹不同，是你们的骨肉。"

妹妹听了很不高兴地说："既然如此，你们和我已经没有关系！从现在开始，妈妈想看我就到我家，我不会再来这里；这里是哥哥家，不是我家。妈妈不在后，我们彼此就没什么关联了。"

她从此不再回娘家，将兄长一句不重不轻的话，埋藏在心里长达十年；直到走入慈济之后，常常听到："别人和你非亲非故，你都去关心，为什么对自己的哥哥却做不到呢？"

她静心思考，总算渐渐地解开心结，不久后便回家探望哥哥、嫂嫂。她的兄嫂很惊讶，因为妹妹已经十年没回娘家，怎么忽然间回来了？其实十年不见，兄妹俩内心都有一分思念，因此哥哥看到妹妹回家，高兴得难以言喻。这几年来，兄妹姑嫂相处融洽，成为幸福的家庭。

常言兄弟姊妹如手足，是不可解开的缘。如果好好珍惜这分缘，就是善种子，成为互相扶持的伴侣；若是曲解、交恶，就是杂草、恶缘。人事只有经过不断地磨练，有如将一亩田的杂草去除、播下好的种子，才能耕耘出一片福田。

三年前的一场意外

世人因想法、理念不同，所以生活形态相去甚远，也常有不一样的人生。

有次我到高雄，有位慈诚队员陪着一位中年男子前来，慈诚队员对我说："师父！请您开导他，看他是否能将心结打开。"

我问："怎么了?"

这位先生满面愁容地回答："三年多前，我的太太在一场意外中往生。"

他提到"太太往生"时，言语中还是充满悲痛的心绪。我说："三年了，你还想不开吗?"

这位慈诚队员就说："师父，他不只想不开，还自暴自弃!"原来他自从太太往生以后，就无心工作，整日喝酒，如今已经肝硬化。

我又问他:"你有没有小孩呢?"

他答:"有三个小孩,我现在肝硬化末期,想到孩子的未来就很烦恼!"

我说:"你应该要放下。尽管怀念太太,也要为孩子着想。做父亲的如果有个三长两短,孩子要怎么办?无论如何,你将心结打开,生活才会过得比较好;乐观些,让孩子有快乐的童年。孩子若看到你每日忧愁,也一定不快乐!现在医学发达,你若有求生意志,勇于接受治疗,然后找一份对身体负担较轻的工作。如此一来,不但可以慢慢地走出悲痛,也能对孩子的生活有一个交代。"

他听了回答:"好,我尽量、尽量啦!"听他这么说,我心里很替他感到难过。

人生无常,难免遭逢意外。意外发生后,如果耿耿于怀,不但于事无补,反而害自己深陷苦海,这位先生的经历,值得我们警惕!

夫妻之间因缘各不相同，有的是情深意浓，有的是欢喜冤家；有的夫妻既已结婚，却无法和睦相处，整天吵吵闹闹，变成怨偶，甚至因愤恨而互相伤害。

这种"绝情的人生"更需要警惕。人如果太绝情，住在一起却彼此怨恨，或因一时的冲动而互相残杀，事后都会后悔莫及。

不论是多情反遭深情所苦，或是绝情常做出莽撞、残酷的行为，都是从心而起。我们应该好好调伏心念，以清净的爱在人与人之间互相关怀、彼此感恩，才是健康的人生。

山中老农单纯的爱

俗云"月圆人圆",倘若人心也圆,不知有多好!

圆满的景致,不仅展现于外在的形象,也见于内心的境地;其实眼见的美景,都来自于心。当人心与外境接触时,会因对象的不同产生各种感受,以及不同的想法,而呈现出相异的形态。

我们的本性,有如无瑕明月朗照大地,倘若内在的"心月"常保清净,人生便无燠热与苦恼,进而心怀悲悯面对一切,视人人为好人,致力行善。

过去曾听闻一则个案——

在台中山区有对老夫妻,当年依媒妁之言结褵。婚后第二天,老先生才发现太太患有癫痫与轻度智障,然而他认为因缘注定,不但不以为意,还对太太更加细心爱护。

由于太太的病症愈来愈严重，老先生一边务农，一边照护太太的生活起居；有时太太走失，他就着急地四处寻找。邻居看他如此辛苦，曾建议他："走失也好，不要找了。"

　　他说："既然娶了，就要照顾她，这是我的责任。"

　　尽管太太三番两次走失，老先生仍坚持不放弃，找不到人就报警。一路走来已二十多年，太太同样不见起色，发起脾气时暴跳如雷，癫痫也常发作；老先生已近七十岁，患有心脏病，渐渐地无法照顾妻子，无奈之下，只好任由其一身脏乱。

　　邻居见之心生不忍，就向慈济志工请援，志工们便结合社工人员与医师，定期关怀往诊。志工帮忙清扫居家环境，也帮太太沐浴、整理仪容等等，照顾这对老人家，让他们有一个平和的晚年。

这位老先生单纯的心境、单纯的爱，多令人感动。对太太不离不弃，即使生活清贫也毫无怨尤，依旧感恩知足。

　　能知足就会欢喜，能善解就会圆融。只要知足、感恩，并以单纯的心利益人群、造福社会，时时自我观照心境，在人事中便能圆满。

都会区中睦邻之爱

常说"远亲不如近邻",慈济将志工制度落实于社区关怀,希望藉由敦亲睦邻,让周遭孤苦无依的人都能得到细心的照顾,急难来临时也能相互帮助。

曾听慈济志工分享——高雄市新兴区一间庙宇后方,长期停放一部老旧的厢型车,里面住着一位六十多岁的老先生,患有重度癫痫与痛风,言语表达不清,无力谋生。老先生个性温和亲切,附近的邻居都很照顾他,管区的警员也常来探视,送点饭菜,或者带他就医;他所栖身的厢型车,就是左邻右舍合捐的。

老先生体力渐渐变差,无力打扫环境。慈济志工担心他的居家卫生,也怕会影响邻里,征得同意后,就为他清理"家园"。邻居们也热心参与,帮忙将洗好的衣服拿回家脱水、晾干,或帮助老先生沐浴等等。

这位老人家虽然举目无亲，周遭的邻居及志工却能发挥爱心，细心照料，多么温馨！

多年前，敏督利台风造成严重水患，也见灾区有许多温馨的故事。有位七十多岁的荣民①爷爷，独居在台中市太平区，因罹患癌症，行动不便。半夜里，大水来得又快又急，于是住在隔壁的昔日同袍，赶来背他上阁楼避难。

水退后，慈济志工前来探望爷爷，竟费了好大力气，才将爷爷从又窄又陡的阁楼阶梯上背下来。志工很好奇，那位英勇救人的邻居也很年迈，如何将高壮的爷爷背上楼？那位邻居表示，当时情急之下，根本来不及考虑什么，事后也不知道是如何将老爷爷背上去的，他还说："现在看了，脚都软了。"

这分邻居之情、同袍之爱多可贵！人与人之间，只要有清净无染的"觉有情"，处处无不充满温暖。我们拉近人与人之间的距离，消弭冷漠，正是现代社会所需要的睦邻之爱。

---

① 荣民，随国民党由大陆来台湾的退伍军人。——简体字版编者注

幸福杂货店的人情味

行善最乐，只要有心，天天都能欢喜，这就是最有福的人生。

回顾早期传统社会，多是亲族群居，几乎全村都是自己人，生活中彼此协助，很有人情味。

现今工商时代，虽然社会形态改变，人情日渐淡薄，但是仍可寻得温馨的人情味。在台中山区，有对老夫妇，阿公九十一岁，阿嬷七十多岁，经营杂货店数十年不退休，为的是让山区乡亲方便购物，更难得的是，他们乐于为人服务。

譬如山区住户分散，山路崎岖难走，邮差、送报生不易挨家挨户送邮件或报纸，这对老夫妇就代乡亲们收件。所以到杂货店里取信、拿报纸的人，总是比买东西的人多。有时邻里需要生活用品，也可以向他们商借，即使是崭新的货物，也舍得借别人应急。老夫妇乐于助人，无论男女老幼都喜欢到小杂货店相聚，全村犹如一家亲。

此外，阿嬷还勤于做环保，虽然有一只脚曾因务农时跌倒，伤口不慎感染而截肢，但是她并不埋怨，开口就说好话，动手就做好事；她很知足地说："还有一只脚可以走路，能做就是福。"心宽念纯，多么有智慧。

苗栗也有一家杂货店，用大爱招募邻里的爱心。老板夫妇锯了一支三节半的竹子，高约一公尺，放在店里。每一个竹节各锯出一个存钱孔，分别写上十元、五元、一元，社区居民即使不来店里购物，也会来投下零钱；其中还有特地为一些阿公阿嬷准备的"专用爱心筒"，上面有他们的名字，阿公阿嬷每天都来投零钱，点滴付出，日存一善，大家都很欢喜。

老板也以身作则，每日的第一笔生意，无论金额多寡，全数存入竹筒，然后集合众人善款捐作慈善基金，并且广邀邻里每天下午在店门口集合，一起做资源分类。

一般人开店都求名气大、买气旺，汲汲于利

润，但这两家杂货店，不求名气、财气，而是将大爱洒播在乡里，依旧人气滚滚。他们不仅自己行善，也带动当地居民，做到人人是好人，日日都行善，多么温馨的杂货店，自己幸福，也给大家带来幸福。

每天清晨五点半

不少人认为，常去道场才能接近佛法，其实不然。人们走进道场，果真能精进、法入心吗？其实各人的心境只有自己知道。

佛陀住世时，希望众生破除无明，回归清净，于是游化恒河两岸，以种种方便法门宣扬佛法。我们有幸生在科技进步的时代，只要有求法的心，就能借重科技跨越时间与空间的障碍，听闻佛法。

多年前慈青发起"晨钟起，熏法香"运动——每日清晨五点半收看大爱台"静思晨语"，透过无远弗届的网络，无论置身于哪个国家，都可以响应。

有位美国慈青分享，平日想要亲近师公并不容易，如今每天一早起床，坐在电脑前收看"静思晨语"节目，如同单独与师公谈心，感到很欢喜，也减少很多烦恼。

马来西亚则有一群慈青同住一幢宿舍，由于网络讯号不稳定，他们便先下载前一天的内容，同样准时于清晨五点半一起围坐电脑前精进共修，如此求法若渴、自我精进，很令人感动。

许多慈青都表示，早起不但能把握时间，而且精神清新、身心轻安，这分清澄的心灵境界，一定要好好地珍惜。

我常说"佛法生活化，菩萨人间化"，其实经典与生活密不可分，我将深奥的经文转化为浅显的道理，就是希望每个人听闻佛法后，可以在生活中落实，并成为他人生命中的贵人。

社会充满物欲诱惑，倘若有人沉沦，我们要伸手拉他一把，但是救人也要"有法度"（注），意即要有方法，才有把握度人。方法在何处？现在有大爱电视台，听法并不难，只要打开电视，静思法脉之理、慈济宗门之美，都会——传达给大家。只要真诚地开启心门，不仅能贴近彼此，还能互通心灵。

时间能累积一切，大家珍惜时间听闻正法，引法入心，即可以洗涤无明，回归自己的清净本性。

注：闽南语"有法度"之意为：有方法解决某事。上人一语双关，"法度"二字又蕴含以"法""度"人之意。

走上菩萨道，法在行中

慈济宗门人间路

慈悲喜舍
六度万行

行在菩萨道上，须如法受教，

心不离佛，行不离法，

才能依循正确的轨道，

应众生的需要普度众生。

"慈济宗门人间路"，走入人群去付出，

力行慈悲喜舍与六度万行，

看尽人间苦难、体悟人生真理，

回归付出无求同时感恩的心境，

如此成佛就不远。

第五章

慈悲喜舍

风雨中看见天堂

　　常说天盖之下、地载之上就是一个大家庭，人人都有互助的责任。二〇一二年十月，桑迪飓风侵袭美国东岸，酿致惨重灾情。美国慈济人走上街头，为灾区募款；海外的善款也陆续涌入，即使是贫穷的海地、柬埔寨、缅甸以及斯里兰卡，都有点滴爱心汇聚。

　　灾后第一时间慈济人便走入灾区关怀，由于缺乏电力，志工就手持蜡烛或手电筒、戴头灯照明，靠微弱光亮，炊煮热食，希望尽快将热腾腾的饭菜送至灾民手中，让灾民知道有很多人关心他们。

　　风灾过后即逢严冬，暴风雪随后而至，灾民苦不堪言。纽约与新泽西的慈济人冒着风雪，在外发放物资。然而面临巨大灾难，当地的人力、物资仍显不足，于是波士顿的慈济人赶忙前往支援；来自加州、德州的物资，经历数十小时的车程，也及时投入赈灾。

灾区满目疮痍，大部分灾民都已搬进收容所或投靠亲友，但仍有人栖身破损的房屋中，亟需帮助。慈济人挨家挨户探访，展开双手肤慰；同时赶紧勘灾、造册，为发放物资做准备。

发放过程中，发生许多感人故事。风灾前，纽约长岛的居住环境优渥，海边常见豪华别墅；灾后，许多平时生活无虞的居民也成为灾民，在发放地点排成长长人龙。有位灾民在领取发放品时说："没想到竟然从东方人手中领到最需要的物资——一张六百元美金的现值卡，以及温馨的生活包，令人倍感尊重。"

慈济人发放时，以九十度鞠躬送上物资，身段谦虚柔软，并把握因缘，向民众介绍慈济从"竹筒岁月"以来的点点滴滴，令许多人感动得直呼："简直不敢相信！"

在史坦顿岛，有位老人家因为证件不齐全，未在政府提供的救济名单之列。发放日傍晚，这位老人家前来领取物资，慈济人对他说："您是不是没有证件？今天的发放都结束了，可否明天再来？"隔日再去会场时，他仍在原地，已等了九个钟头。想起前晚十分寒冷，久候的老人家在墙角不断地发抖，志工深感内疚，急忙为他添加衣物，焦急不舍地问："您今天来就可以了，为什么要在这儿忍受寒风呢？"他说："因为今天要领取的物资，是我生命的全部。"

发放会场，还有一位少妇说："我的信仰常提及天堂，我也日日找寻何处是天堂？如今你们捐助的物资，让我及时得到帮助；内心更因为你们的关怀而安定，真的让我看见天堂。"

有人认为："美国如此富有，为何还需要我们救济？"其实不论是贫是富，一旦受灾，如同一个人跌倒了，当下最需要有人扶持。所以只要有灾难的地方，我们脚走得到，手伸得到，都要前往关怀，及时拔苦，也启发人们的爱心。

惊世的灾难，要有警世的觉悟，众生共业的时刻，就须众人汇聚点滴善念，才能成就更大的力量。

震出来的希望

二〇一〇年元月，海地遭受里氏规模七点零的强震重创，多达卅一万人罹难，伤者及财物毁失更是难以估算。

在二〇〇八年，海地即受全球粮食危机及数次飓风侵袭而爆发饥荒，美国的慈济人于当年十一月前往勘灾，看到当地人民十分穷困，有的甚至以泥土饼果腹。隔年元月，美国慈济人准备食用油、干粮、玉米粉等粮食、物资前往发放；又见许多人露天而睡，便提供大型塑料布让他们暂时得以遮阳蔽雨。所有物资仔细地装入水桶盖上盖子，确保每一项物资都可使用。

由于发放的因缘，当地的实业家、台湾派驻海地的工程公司，以及"公使"、"大使"等，都一同投入，协调发放；当地政府也商请联合国维和部队前来维护治安。

发放历时二日，不料第一天下起毛毛雨，慈

济人担心灾民淋湿，赶紧将塑料布展开，为他们
遮雨，志工自己反而全身湿透。居民及维和部队
见此深受感动。慈济人的身行，也悄悄地将爱的
种子植入人们的心田。发放后不久，当地实业家、
侨商等一行人，特地前来花莲表达感恩，同时发
愿在海地推动慈济志业。

因此二〇一〇年地震发生后，美国慈济总会
及多米尼加慈济人协同当地志工都动员起来，每
日与台湾视讯连线，商讨援助事宜。

海地首都太子港灾情尤为严重，当时多数建
筑倒塌，遍地尸体，治安紊乱，加上港口及机场
无法运作，许多救援组织及物资都难以进入，发
放更是困难重重，灾区只有"乱"与"惨"两个
字可形容。

幸而机场及港口逐渐恢复运作，各国的救援
机构、物资陆续进入，慈济人也辗转入境，支援
救难队所需的物资。先关照好救难人员，让他们
有充分的体力执行救灾任务；至于后续重建工作，
估计需要二十五年的复原期，所以援助之路还很

漫长。

大爱无国界，宗教无藩篱，正信的宗教都是一心一志为众生付出。慈济在海地发放时，即是商借教堂，透过视讯会议讨论赈灾事宜。我们见海地民众多半信仰天主教，在当地也看到许多神父，但是为何独独不见修女？因此请志工寻访当地修女团体的行踪。

经过志工的探访，得知当地有四百余位修女承担教育、医疗、养老院等爱心慈善工作。然而此波震灾，许多天主教学校受损严重，连修女本身住所也成为危楼，只好在空地搭帐篷充当临时住所，极度欠缺物资。

慈济人在当天立即送去生活物资，又见学校成为废墟，为了尽快提供孩子们安定的读书场所，加拿大慈济人前往多伦多的修女会总会，向对方介绍慈济，并说明慈济付出无所求的理念，不忍孩子无处读书，希望能协助复建学校。

此后，经过美国慈济人的奔走承担，慈济援

建圣恩修女会所属的三所学校，终于在二〇一三年五月竣工启用。在重建速度缓慢的海地建立起三所崭新的校舍，不仅学校师生欢喜，也令人看见希望在萌芽。

数十年来，每当灾难发生时，只要因缘成熟，各地慈济志工都是不分宗教、种族、国籍投入赈灾。曾有灾民因感动于慈济人的付出，而说："你们是天主派来的蓝天使。"

起初慈济人都是随顺因缘，渐渐地"蓝天使"之名不胫而走，我认为该是"为佛教"而努力的时候，于是鼓励慈济人要对外宣说"人间菩萨"的意义。

慈济人诚挚地对当地人说："我们是佛教团体，因为有共同的一念爱心，汇聚于慈济，一起行善；我们自动自发地前来，也感恩有此付出机会。虽然成员多是佛教徒，但是还包含各种宗教信仰者。只要愿意与众人合心凝聚，以感恩、尊重、爱去付出，人人都可成为人间菩萨。"在海地这个未听闻佛教之名的地方，当地人也能欢喜接受，甚至带出不少志工种子。

世间灾难频仍，常令人有"来不及"的担忧，然而只要有心就不怕难，期待人人发大心、立大愿，无论身在何处，都能把握时间，为普天下苦难人多付出一点力量。

灾区变福田

二〇一一年三月，日本发生大地震，当日，慈济人立刻行动，开放东京的分会会所，提供无法返家的受灾者歇息；灾后第三天，即带着来自台湾的物资进入灾区，不仅为灾民准备热食，也为他们一一披上毛毯，给予拥抱、肤慰。同时与受灾区的县、市政府联系，前往现场勘灾，并成立"慈济东日本赈灾团"，屡次前往慰问、发放。

灾后，慈济人也在全球展开行动，向世人募一分虔诚的祈祷、一分爱心的关怀、一分悲悯的喜舍。美国慈济人一接获讯息，立即召集临时会议，展开募心募款行动。尽管当时气候恶劣，仍以"不忍众生受苦难，不为自己求安乐"的菩萨心，不畏雨雪、寒冻，在街头劝募。

过程中，发生许多感人的故事：有位老奶奶站在劝募箱前许久，慈济志工前去关心问候，才听她谈起年幼时经历战争，眼睁睁地看着父母受日本军人的虐待，她说："记忆深刻，内心很怨恨。"

慈济人温柔地劝解她放下仇恨，不要将恩怨留给下一代，老奶奶终于释怀地说："的确，这一代的恩怨，这一世就要放下。"

还有位捐款者默默投入一笔捐款，当慈济人表达谢意时，发现他说话声音沙哑又微弱，原来他是一九八六年苏俄切尔诺贝利核电厂爆炸事件的受灾者，由于遭受辐射污染，身体长年病痛，喉咙损伤以致说话困难。他对于日本灾民特别感同身受，愿意付出一己之力。

慈济汇聚全球的爱心，即使如海地、南非、缅甸或菲律宾等较为困苦的地方，居民也在慈济人带动下，为日本祈祷，并且捐出一枚枚铜板。

有人问他们："你自己都需要他人帮助，为何还要助人?"他们回答："虽然我并不富有，可是有真诚的心意，即使只有一枚铜板，也可以付出。"尽管生活贫穷，但是他们内心富足，是真正的"贫中之富"。

慈济人带着来自全球的善念，面对领取慰问金的灾民时，都是以恭敬的心发放。一位慈济人说："一鞠躬，代表自己对灾民的尊重；再鞠躬，代表慈济人的感恩之情；三鞠躬，则代表全球捐款者的爱心。"希望表达诚挚的"感恩、尊重、爱"。

　　面临巨大的灾难，日本人展现沉着与冷静的民族性，令人赞叹；但见他们压抑情绪，强忍悲伤时，也让人不舍。希望慈济人的帮助，能使他们渡过难关，以坦然的心重建家园。来自全球的大爱也能带动当地人民成为善的种子，就地成长、发挥力量，以戒慎虔诚的心，转灾区为人间菩萨的大福田。

忍病为病人看病

人生于世，生命历程不尽相同。有的人懵懵懂懂地来，不清楚生命的意义；有的人则是积极地为社会、人群付出，将生命的良能发挥得淋漓尽致。

社会上有许多人无私地将遗体奉献给医疗教育，当他们健在时，常济贫慰苦；往生之后，愿意布施身躯，希望医师及医学生能从他们身上学习医疗的知识，以增进医术、涵养医德，充分发挥身后妙用。我们称之为"无语良师"。

慈济大学的无语良师中，有一位丘昭蓉医师，她是生长在缅甸的华侨，就读医学系时，便已经笃定日后要在偏远地区服务的志向。毕业后，她就到花莲照护东部病患；得知慈济医院于关山设立分院时，便志愿前往，自二〇〇二年起，常驻在关山慈院。

关山是乡下小镇，四周都是高山峻岭，从镇

上到山里的原住民部落，需要数小时的车程，丘医师为了守护偏远地区居民的健康，总是自告奋勇前往义诊。起初部落的居民以为她别有目的，因此看诊人数始终寥寥无几。但是她并不放弃，亲自走到居民家中看病、普及卫生教育。慢慢地，当地居民感受到丘医师的真心关怀，进而接纳。

部落居民大多以务农维生，大清早就要到农地耕作；丘医师为了配合他们的作息，必须在清晨四点多出发，才能及时抵达义诊地点。假如居民无法前往就诊，丘医师会主动到田间问诊，了解他们的身体状况，并且一再劝导大家戒除烟、酒、槟榔。

其实她自己患有肝病，依旧忍着病苦上山为病人看病，宛如母亲关怀自己的儿女。许多居民家境穷困，无法负担营养剂的费用；丘医师获悉后，常常自掏腰包，添购营养品送到山上。每当台风来袭，总是挂念着部落的居民，急着上山；甚至遇到坍方，就守在推土机旁等着道路开通。真正是用生命走入生命——疼惜别人更甚于自己。

丘医师坚定志向，生前为利益他人付出，守护乡亲的健康；身后仍化身无语良师，教育莘莘学子，只愿日后病患有更高品质的医疗服务。期待人人都能善用身体的良能，当世缘尽时，也能顺着自然法则，看得开、放得下，开创最后的生命价值。

深厚的师生缘

二〇一二年七月，"慈济教师联谊会"成立二十周年，尽管社会变迁，但是教联会的老师们仍坚持理想，为社会培育人才。其中不乏已退休的老师，却比退休前更忙碌，每年聚会数次，彼此分享教学经验，讨论如何引导陷入歧途的孩子回归正途。

老师对学生的影响深远，有爱心的老师，往往成为学生生命中的贵人。

有位梁居士，年幼时母亲往生，父亲忙于工作，对孩子疏于照顾。在他青少年时期，兄长加入不良帮派，自己也受到影响，行为日渐偏差。

所幸初二时，他遇到一位贵人。他的导师张老师，以肯定、鼓励的方式教育学生，让他担任班长、模范生，以培养其责任感与荣誉心；梁居士因此迷途知返，为了报答老师的教诲，决定投考军校，希望借此彻底改变自己。军校毕业后，经过层层历练转任学校教官，在因缘际会下加入慈济教联会。

经过二三十年，梁居士仍十分感怀当年改变他的张老师，却苦于失联。在一次参加慈济举办的生命教育研习营时，发觉同房室友竟是当年恩师，当下欢喜相聚，赞叹二人深厚的师生缘。

过去张老师以爱心、耐心的教导，改变了梁居士的人生；而今梁居士以过来人的身份，引导行为偏差的学生步入正途。在教联会中，二人皆以菩萨心，传承美善予下一代。

感恩教联会与慈济人，二十年来持续耕耘一亩亩的心田，期盼人人皆能坚定志向，付出大爱，相信能成就一片片亮丽的菩提林。

老老少少都爱地球

　　近年来，人类贪图享受而肆意破坏自然环境，世界各地天灾频传。面对灾难，我们不要以为距离遥远，与己无关。试想：倘若天下危机重重，万物皆难幸免，如何顾及自己？唯有世界平安，才有个己的幸福。如要解除当前种种的危机，须从改变生活方式，回归简朴生活做起，并及时把握付出的机会，造福人间。

　　犹记曾行脚到嘉义梅山一处的慈济环保站，有位七十多岁的阿嬷，十余年前听闻做环保能救大地，十分认同，从此心无杂念，一心投入。她每天凌晨四点多，走两小时山路到环保站；尽管山路难行，还是一手持手电筒照路，一手拿着念佛机虔诚念佛，十余年来风雨无阻。

　　有人问她："为什么这么辛苦？不会累吗？"阿嬷回答："怎么会累呢？如果没有平安的大地，哪有平安的生活？"倘若人人都能如此发心立愿，伸出双手，汇集成百手、千手、万万双手，一定能给大地最充分的保护。

　　每个人都有能力为大地尽一分心力，从自己做起，进而带动周围。马来西亚马六甲有位就读小学四年级的张小弟，从幼儿园起，即由老师的教导和大爱台节目中，了解环保对地球的重要。为了响应环保，即使铅笔写到仅剩一点笔芯，也不浪费，仍节俭使用；尺断了舍不得丢弃，用胶带粘起，继续发挥物命。

　　有次他看到同学喝完饮料，随手将空盒丢入垃圾桶，于是向老师建议可以宣导资源回收。老师告诉他："即使有宣导，有的人还是无法改变习惯。"他自告奋勇说："我来带动。"一开始他先邀约几位要好的同学一起做环保，虽然班上支持的人不多，但是他们互相勉励，恒持不辍。九个月后，看到善的效应——半数以上的同学们都响应。

　　这就是有心、有愿，就会有力；赤子纯真之心，能落实并带动周遭的人疼惜物命。

只要大家尽一分心，即能保护大地，让地球有养息的机会。希望人人克己节俭，开阔心胸，关怀天下，共同发挥善与爱的力量。

渔村树下的芬芳友情

每次看到环保志工，都不知道如何表达对他们的敬爱。志工中有老有少，年轻人投入做环保，地球的未来便充满希望；老人家即使老病缠身，还是坚持付出，令人疼惜。

在高雄市旗津区中洲村，有个"大树下的环保站"，发生了许多动人的故事。

当地有位邱师兄，年幼时过得相当坎坷，从小就被亲生父母过继他人，养父母、亲戚朋友都看不起他，动辄打骂，他便在污辱中成长。成家后，自己也以暴力对待家人；直到儿子与人谈婚约时，旁人知道是他的孩子，立即打退堂鼓，他才反省：自己到底错在哪里？

有一天，邱师兄在公园里喝闷酒，看见身着"蓝天白云"的慈济人在扫地、捡回收物。他感到奇怪，这一群人又不是清洁队，为什么要这样做？禁不住好奇心，询问其中一位师姊。师姊回答他："我们是慈济的志工，听师父说，我们要惜福、疼惜大地。"他觉得有道理，于是开始接触慈济，从环保做起。

邱师兄逐渐转迷为悟，还影响了一位"鳗仔伯"庄师兄。鳗仔伯见邱师兄这个村里的"名人"有很大的改变，引起了他的注意。邱师兄觉醒后，常现身说法，对众忏悔过去，分享生命的故事；鳗仔伯也被他所感动，开始跟着他做起环保。

邱师兄往生后，鳗仔伯还是持续投入环保，还找了小学的好同学"发仔伯"叶师兄一同做。从前发仔伯以讨海维生，年纪愈大，在海上讨生活愈加辛苦，又见渔获渐渐少了，干脆卖掉渔船，以四处打零工、拾荒维生。鳗仔伯便将发仔伯接引进来，二人一同在大榕树下做环保。

两个好朋友，无话不说，但也常为了资源回收的方法各执己见，吵得不可开交，但是转过身来又和好了，友谊相当深厚。

当鳗仔伯病重时，交代发仔伯："我现在没有挂碍，只担心环保志业，只有你能接我的棒子。"
就将这个重任交给发仔伯。发仔伯也因为老友的
托付而承担下来，即使家中有九十多岁的母亲要
照顾，也不辜负鳗仔伯的期望。

发仔伯每天四点起床，先上街清扫垃圾、整
理回收物，一天至少来回载五趟。到了六七点，
回家侍候母亲用早餐，帮妈妈整理仪容，让老人
家干净清爽。一位七十多岁的老人家，用心照顾
九十多岁的老妈妈，孝心孝行令人感动，成为儿
女们的榜样。

我们在小渔村的大树下，看到了友谊与使命
的传承——邱师兄、鳗仔伯持续守护脚下的土地，
道心坚固，知道离开人间的日子将近，再将环保
的担子传承给后人；发仔伯守友谊、守信用、守
孝道，也忠于这份志业。三位老人家勤俭纯朴、
耐劳耐怨，更疼惜土地、守护大地，令人内心不
禁生起敬佩之意。

第六章

六度万行

五十两开店设行

在佛教里有一则很有趣的寓言故事——

从前有位富人土地房产众多，整日算盘不离手，计算何处田租还没收，何处房租已到期，每天都在锱铢计较中度过，日子过得很紧绷，毫无乐趣。

隔壁住了一户靠着拾荒维生的穷人家，日日在外奔波，挣得了一点钱就换米回家。生活虽然清苦，但是一家人每到黄昏，先生弹琴，太太唱歌，儿子在旁拍手，天天和乐融融。

有一天富人问掌柜："为什么隔壁一家人那么穷，却天天快乐地唱歌；我这么有钱，还过得如此烦恼？"掌柜回答："如果他们有钱了，一样快乐不起来。"富人一听，便要掌柜去试试看。

掌柜拿五十两银子到穷人家说："我家员外见你生活这么苦，想送你一些钱，改善你的生活。"

穷人接过这笔钱，内心好高兴，因为一辈子没看过那么多钱。

他欢喜地高喊："我们有钱了！我们有钱了！"太太问他："你打算如何运用这笔钱呢？""我要做生意赚钱。"

"赚到钱之后，你要做什么？""我想开一间店面。"

"开店赚了钱之后，又要做什么呢？""我打算开一间'行'。"

古时候"行"比"店"大得多，太太一听好高兴，一旦开了行，她就可以当老板娘，坐镇指挥伙计。

话说到这里，先生却想入非非了，他说："我开行之后一定会愈来愈忙，到时候娶小老婆负责看管分行，生意再扩大就娶第三个老婆……"太太愈听愈生气，两人吵了起来，最后动手打架，太太连忙跑出家门喊救命。

富人听到隔壁吵吵闹闹，问掌柜原因，掌柜说是为了那五十两银子。富人认为那家人平时恩爱和乐，怎么可能为了一点钱就吵成这样？因此和掌柜一起出去查看。

穷人夫妻闹得不可开交。掌柜问穷人："去做生意了没？"他说："还没。"掌柜说："生意都还没做，钱也还没赚，计划那么多有何用？"

穷人一听，如梦初醒——钱还没赚到就吵成这样，以后还得了？赶紧向富人说："员外，钱还你吧！与其赚了钱却失去家庭和乐，倒不如继续过着以前清贫却安稳的生活。"

由于人们自私观念炽盛，或是欲望太多、不满现状，以致伤害别人也害了自己。我们一定要照顾好自己的心，人人安分、知足，社会才能祥和。

老鞋匠的国王梦

从前有位国王，日理万机，认真处理国政，因此国家风调雨顺，国库丰饶；皇宫豪华富裕，有许多嫔妃宫女侍候，可以说什么都不欠缺。但是，他的内心却不快乐，觉得当国王责任重大，国事纷扰繁杂，群臣报告国政也惹得他心烦意乱。

有一天，他心血来潮，换上一套寻常百姓的装束，跑出皇城四处游荡。他看到百姓自由地做生意，快乐地做工，对国王而言这些人都很悠闲自在。

国王在路边看到一位修理皮鞋的老人，他上前问道："老人家，你修理皮鞋辛苦吗？"

老人说："好辛苦！"

国王接着问："我觉得你很轻松啊，不然你觉得哪一种人才幸福快乐？"

老人回答："最幸福、最快乐的就是国王呀！国王拥有整个国家的国土、人民，住在富丽堂皇的皇宫里，有丰富的美食与美酒，还有很多宫女歌舞娱乐他。"

国王听了心情很复杂，原来自己如此被人羡慕。然而自己为什么不快乐呢？他突发奇想：既然这位老人觉得国王最幸福，不如换他当国王看看。于是准备酒菜，邀请老人享用，灌醉他后，再派人将不省人事的老人载回皇宫。

回到皇宫后，国王对宫内众人说："我今天要玩一场游戏，需要大家配合。你们赶快帮这位老人洗净身体，换下肮脏的破衣服，穿上我的衣服，让他睡在我的床上。等他醒来时，称呼他为国王，要像对我一样毕恭毕敬地侍候他。"

宫女、仆人们虽然觉得莫名其妙，但是也觉得很有趣，所以积极地配合国王。众人帮老人洗好澡，换上国王的衣服，让他睡在国王的龙床上。当老人醒来，惊觉四周环境怎么如此陌生？定睛一看，竟身在富丽堂皇的宫殿中，还穿上华美的服饰，怀疑自己是不是做了当国王的梦。

这时，一群宫女对他说："陛下，您睡很久了。请梳洗、用膳。"老人在半信半疑之下，让宫女服侍着他洗脸、更衣，吃了一顿丰盛的早餐；餐后，宫女开始歌舞，舞姿曼妙，乐声悠扬，老人飘然若仙，觉得：我真的是国王耶！之前是不是做了当鞋匠的梦？究竟哪个才是真实的呢？

歌舞结束后，大臣前来恭敬地禀告："陛下，时候不早了，微臣等着您处理国事。"

他吓了一跳，心想：这还得了！如何面对这么多大臣？

大臣们引导他到王位坐下，听取国事报告。但是内容他完全听不懂；只见许多国家大事，都必须由他来处理，丝毫马虎不得。忙碌了一天，头昏脑胀，深深觉得当国王好辛苦！

晚餐时刻，又是一桌丰盛酒菜，宫女和仆人们再让老人喝得酩酊大醉，昏睡过去。此时国王说："大家将他恢复原状。"于是让他穿回以前的破衣服，载他回原来的家。

隔天，老人睡醒时，周围恢复成熟悉的住所，心想：富丽堂皇的皇宫、华美的衣服到哪里去了？我到底是谁？是国王吗？还是一个老鞋匠？

这时国王又扮成百姓，来到老人面前说："老人家，这么晚了，怎么还不起来补鞋？"

老人说："你知道吗？那天我和你喝完酒之后，做了一场当国王的梦。我本以为国王十分幸福、快乐，其实不然，当国王很辛苦！虽然周遭有很多大臣、宫女，还有丰盛的食物吃，有美妙的音乐听，有气派的房子住，但是国务繁忙、日理万机，仍旧不快乐。我只是做一场国王的梦，早上累得就爬不起来！"

故事说到此，佛陀对弟子开示："人到世间，各有定业，各有定数，若能安住己心，守好本分，就是有福的人生。人生之苦，苦在心中的烦恼；若无烦恼，任何境界都自在。"

人生本是一场梦，老鞋匠在过国王的生活时，怀疑以前补鞋、做鞋是梦；回到补鞋的工作时，怀疑当国王时是梦。人生如梦如幻，如露亦如电；世事无常，安住己心就是福。

　　坚守岗位，安于本分，是最快乐的事。不要不满意现况，爱与别人比较：别人较有才华，生活也很享受……若是时常与人比较，嫉妒或羡慕别人的成就，只会徒然让自己很不满足、不快乐。

与敌人做朋友的气度

常说："善恶唯心，心能造天堂，也会造地狱。"心若照顾好，以善心看事、看人，则事事善、人人善。人与事一片美善，世间不就是天堂与净土？倘若一念心恶，则看人看事无不是恶，不就如同身在地狱？

其实"心、佛、众生三无差别"，只因自己起分别心，而引起诸多纷争；若要与人和谐相处，应多一分体贴、宽容，主动配合他人，而非一味要求他人配合自己。

曾看过一则故事：美国的林肯总统在选举前到参议院演讲，当时美国社会存有浓厚的阶级观念，有位参议员出言侮辱他："林肯先生，不要忘记你父亲只是一名鞋匠。"

众人屏息以待，想看看这位总统候选人如何回应，只见林肯从容不迫地说："感谢你提醒，我父亲已经过世了，我会永远怀念他。我若是当选总统，无法比我父亲做鞋匠来得出色，因为他做鞋子的功夫非常好；记得你们家的鞋子也是我父亲做的，若是穿得不合适，我可以为你服务。"

原本尴尬、严肃的场面，因为林肯既温馨又幽默的一席回答，现场立即响起一片掌声。

曾有人问："林肯先生，为什么你面对敌人时，不是想办法打击，反而将敌人当成朋友？"

林肯回答："你们难道不觉得，若能与敌人做朋友，不就少了一个敌人了吗？国与国之间，若也能成为朋友，对立的国家不就减少了吗？没有敌人存在，不就是消灭敌人的方法？"

这正是林肯宽容的心，因此后人为他兴建纪念馆时，墙上刻着一段话："对任何人都不怀恶意，对所有人皆宽大仁爱。"

人终为凡夫或为圣贤，就在这念心。所以在日常生活中，要谨慎观照自心，尽管微细也要"以一毫芒中入微妙理"，人人存好心、做好人，自然人、事、物调和，世间祥和安康。

梁楚边境的瓜田

曾子说："吾日三省吾身。"每个人都应时时自我反省，如见人声色欠佳，理应反观自己的习性如何。须知一切因缘生，随心而起伏，我们的行为皆是藉由习气表达在外，若遇到不好的因缘际会，习气又没控制好，便会与人结下恶缘。

日常生活中的恩怨，无不都在善恶因缘中增减。如与人发生冲突，便怨愤报复；或是看不惯他人的才华，便嫉贤妒能，如此就容易结怨连仇、心生烦恼。倘若能心量开阔，包容一切，自然可以化解仇怨。

战国时代，梁国有位很有智慧的士大夫，名为宋就，曾在梁国与楚国边境当县令。他希望边界两国的人民都能和平相处，各尽本分，努力改善生活。

梁楚边境人民多以种瓜为生，两国土质、气候都相同，瓜的产量与品质，端视农夫是否用心耕耘。两国瓜农同时下种，梁国瓜农依时施肥、浇水，所以瓜长得又大又美，产量也丰富。

楚国人则较懒散，播种后并未按时施肥、浇水，长出的瓜较小，且卖相不佳、产量不多；当他们的瓜农见梁国的瓜又大又美，没有自我反省，只是一味抱怨：为何同样一片土地，两国的瓜质量竟相差这么多？愈抱怨愈生气。

于是楚国瓜农趁深夜潜入梁国境内，肆意地拔除瓜藤瓜叶、践踏瓜果；翌日清晨，梁国人惊觉瓜田怎么遭受破坏？众人只好日夜轮流看守瓜田。

梁人发现原来是楚人半夜前来破坏，非常生气，立即报官处理。宋就平静地向百姓分析："恶念是造成怨和祸的根源，别人以恶相待，如果我们挟怨报复，冤冤相报终无了时。楚国人因为瓜长得不好，才会生气。你们何不利用夜晚，悄悄地为他们的瓜田施肥、浇水，让他们的瓜能长得和我们的一样好，彼此就能相安无事。"

梁国百姓不服气：为什么他们破坏我们的瓜园，我们还要帮他们浇水、施肥？但是县令大人如此说，百姓们只有照办。经过一段时间，楚国的瓜也长得又大又美。这下换楚国人纳闷：奇怪，瓜怎么长得这么好？暗中监视后才晓得原来是梁国人帮忙照顾，既惭愧又感动。

　　这则故事告诉我们：嫉妒徒生怨恨，接着造成毁坏。若能成就他人而不求回报，对方自然生起感恩心，使对立、怨仇在尊重、感恩中化解。倘若人人皆能以善化解冤仇，世间的争端就无从而生。

真诚互动的国马与骏马

人生的幸福，来自健康的身体、平安的生活与美善的社会。人人若能彼此关怀、相互尊重，则离幸福不远矣。

曾听闻一则故事：某国有两匹良驹，一匹名为"国马"，另一匹名为"骏马"，它们的主人是好友。一日，两人分别带着自己的马相见，正当同道而行，赞叹着彼此的马时，骏马不知为何，突然朝着国马脖子狠咬一口。国马偏过头默默低吟，却没有发怒与反击。

主人们对此事并不在意，然而骏马返家后，却寝食难安，连兽医也诊察不出毛病。数日来，主人想尽办法，骏马仍萎靡不振。主人很心疼，无计可施之下，求助国马的主人。国马的主人听了，心中有数，安慰好友："请您安心，我今天会带我家马儿前去探望。"

不久后，国马的主人依约带着马儿来访。国

马一到，便主动走近骏马面前，用鼻子温柔地磨蹭骏马，好像在安抚它一般。过一会儿，骏马也回应国马，渐渐地恢复以往的活力。

骏马咬痛了国马，国马能宽心原谅；反而是骏马仍耿耿于怀，过意不去。可见即使是动物也有情绪：国马懂得宽大心胸，骏马则能知过忏悔。倘若人与人之间也能如此真诚互动，开启单纯、宽大的心胸，即能减少世间的纷纷扰扰。

长寿王与长生太子

久远前，有一国王名为长寿王，仁慈爱民，施以仁政，从不侵略他邦，国内没有军队、武器，人民互爱互助，宛如祥和的大家庭。

长寿王声名远播，许多国家都曾听闻他的事迹。其中有一个国家的国王心存贪念，召集大臣们议论："听说长寿王很仁慈，全国没有武备，果真如此吗？"众臣回答："是的。"这位国王心想：长寿王的国家既然没有武备，国民驯良，不如并吞它，让自己的国家更强大。大臣们也认为拿下这个国家不困难，便大举筹备战事。

消息传到长寿王的国家，大臣连忙向长寿王建言："我们是否也赶紧准备？"长寿王却说："两国相争，必有伤害。我们如果战胜，就是伤害对方；如果输了，人民一样会遭受苦难。战争十分残酷，互相杀伐何时了啊！"

但是大臣都不舍国家被野心霸主夺走，所以

不断地劝说国王，务必武装，准备战争。

长寿王不忍心地说："人生苦短，有缘的时候共聚互爱，以仁宽谅，才是做人的根本。何必为了几十年的性命，或是如浮云的国土而争斗呢？"接着说了很多道理安抚群臣，但仍没有效果，只好说："你们先退下，让我考虑看看。"

长寿王召见太子，太子名为长生，也和父王一样有颗仁慈的心。国王和他商议："大臣们为了保护我及国家，想要交战，我们不如就此归隐山林。有人要这个国家，让他顺利并吞，如此可以保得百姓平安，两国也不用大动干戈。"

太子说："只要能够与父王一起生活，我就很快乐了。"于是父子便躲到深山，过了一段安静的日子。长寿王父子离开后，全国上下非常悲痛，但是侵略的一方，却害怕长寿王有朝一日回来报复，所以贴出告示：捉拿长寿王者，赏赐千金万银。

有一天，在山中平静生活的长寿王，发现一

位精疲力竭的旅人。长寿王问旅人："你从哪里来？怎么如此消瘦、落魄？"

旅人就说："我来自遥远的国家，希望寻得长寿王给我帮助。听说不论何处的苦难人向他请求，都有求必应。"

长寿王一听，不禁潸然泪下地说："我就是长寿王，虽然同情你的遭遇，可惜已经没有力量帮助你了。"并告诉旅人国家被侵略的事。旅人闻悉，悲从中来而放声大哭。

长寿王安慰旅人："你不用悲伤，听说当今的国王贴出告示，如果有人可以找到我，就能得到丰厚的赏金。你不如将我绑去领赏，好改善生活。"

旅人说："你是一位仁王，我怎么忍心绑你去领赏！"

长寿王说："我即使能在山林中平静度日，也是有老死之时；死后，身躯一样会腐烂，最终不值一文。我一生所愿，就是不忍见闻众生苦难，希望你可以完成我的愿望。"

旅人只好顺着长寿王的意，将他捆绑，送至城内。沿途的人民看到长寿王被捉，无不号泣痛哭。

这时长生太子也得知父亲被捉，立即随后追上，发现新国王准备将长寿王当众处死。长寿王在围观的老百姓中看见太子，便要求行刑者给他几分钟对众说话。

长寿王大声说道："我们不能受外境影响，动心起意，希望我的孩子不要为我报仇。做人的本分，除了仁德爱人之外，还要谨守孝道，依照父母的叮咛、交代行事。"说完之后，慨然就死。

长生太子听了父亲的话，哭着转头跑回山林。他在山中深思："父亲被杀，哀痛、怨恨如何平复？虽然父命不可违，不过我一定要伺机报复！"

他返回城里，屈身在一位大臣家中做长工。

他用心种菜，所种的菜均是鲜翠可口，大臣问："除了种菜之外，你会不会烹饪？""会啊！我能煮出如天厨一般的佳肴。"大臣说："你若有这么好的手艺，我就请国王前来享用。"

某日，这位大臣宴请国王，国王见菜肴色香味俱全，因而召见了负责烹饪的厨师。国王一见长生太子，觉得他是个不可多得的人才，便留他在身边，随侍左右。

过了一段时间，长生太子渐渐取得国王的信任。有次，他随着国王出门打猎，两人和其他随从走散，在山中迷路了好几天。国王又饥又饿，没了力气，就将手中的剑交给长生太子，并说："我很累了。"就倒在他的腿上呼呼大睡。

国王虽然精疲力尽，却睡不安宁，不断地做噩梦，惊醒时，国王害怕地说："我梦见长寿王的太子要杀我。"

长生太子说："别担心，我在这边保护您，您睡吧！"他心想：父王以仁慈大爱教导我，要我放弃报仇的念头，眼前这位国王虽然贪婪无道，但是他如今躺在我的腿上，连睡觉都不安稳，心中充满惶恐。

此时，国王又惊醒了，感慨地说："我这次梦见长生太子要原谅我。其实这些年来，我侵占这个国家，又杀死了长寿王，没有一天安心，无论何时都是处于惊慌、痛苦，好像堕于深渊地狱。我真的是铸下大错。"

长生太子听他由衷的忏悔，便放下仇恨，原谅了国王，对他说："其实你所惧怕的长生太子就是我。即使父亲临终前交代不可复仇，但是我心中仍充满恨意。当你在我的腿上睡着时，一度想下手报复，最后还是放下仇恨。"

这位暴虐贪心的国王，吓得冷汗直流。长生太子说："其实是我故意带你远离人群，让我再带你回城。"回到王宫后，国王召集了大臣，说出这段经历。有些大臣发觉太子长大了，不仅英姿焕发，又和长寿王一样宽大仁慈，感到非常欢喜。国王也愿意认错改过，将国家归还给长生太子。

长生太子能忍住不共戴天的杀父之仇，放下难以消除的心头大恨，最后仍以父亲所教育的仁慈大爱宽恕对方，这一切，都出于一念心。人的一念心可恶、可善，我们务必时时谨慎思量。

化仇为爱的两家人

多年前曾听闻一则个案：有位出租车司机开车前去购物，当他在路边停妥车，打开车门时，不巧一位摩托车骑士正好撞上。受伤的骑士是位警察，因伤势严重变成植物人。

车祸之后，警察的家属提出告诉，历经诉讼，败诉的司机必须赔偿一千八百万元①，但因无力负担而想不开，自杀身亡，房子也将被查封。司机的太太面容苍白，身躯瘦弱，常感不适，就医检查后发现竟已是癌症末期，然而家中还有三个幼小的孩子，种种厄运不断，往后不知该何去何从？

慈济人获悉这两个家庭的困境，便前往关心，了解状况，并居中协调。司机的太太说，她并不埋怨先生，想到那位警察的遭遇，也感到很难过；她向慈济委员表示想去探望对方，还要致上保险

① 新台币，下同。——简体字版编者注

理赔的六十万元。

于是慈济委员陪着司机太太前去拜访。警察太太一见瘦弱的司机太太，心生不忍，决定取消所有求偿金，因此房子得以免于查封。司机太太无论如何都要将保险理赔金送给她，并诚恳地说："这些钱你留作安家用吧！"

在彼此体谅下，警察的太太决定再拿出四十万元，加上司机太太的保险金一起捐给慈济建设希望工程，帮助更多人；警察的父亲也很认同此举，就以媳妇的名义捐出善款，共同成就大爱。

一念心转，化仇为爱，恶缘也可成为善缘！两个家庭同样遭遇不幸而能互相体谅，进而为众付出，这就是"同体大悲"之心。我们若能时时保有这分心，人生不会再有怨恨，并能展现温馨的人性光辉！

贫婆虔诚的心灯

人生的富有，来自布施的善行。富人布施，是"富中之富"；穷人以爱心布施，则是"贫中之富"。

佛经记载：有位贫婆看到人们燃灯供佛，双手合十，欢喜赞叹，盼望自己也能如此。由于身无分文，生活窘迫，没有钱买灯油，她只好走进油店，向老板说："您能不能成全我供佛的心愿?"老板一再拒绝，说："我为何要平白无故帮助你呢?"

贫婆锲而不舍地请求："那么我剪下头发，让您估售，请您换给我等量的油。"贫婆果真剪发贩售，换取一盏油，点亮油灯，欢喜完成心愿。

在贫婆燃灯供佛那天晚上，忽然一阵风吹熄大大小小的油灯，只有一盏小灯没有被风吹熄。那正是贫婆心意虔诚，剪发换油供佛，欢喜布施的那盏。

穷人付出的功德，不亚于富人大布施。因为他们必定是克服困苦，在艰巨中喜舍，所以其功德殊胜难得，心灵同样因而感到富足。

两位富有长者的金钱观

我们常听人说："某人贪欲难尽……"为何贪欲难尽？因为内心被物欲牵引，不由自主地堕入贪念的陷阱。

古印度时，摩伽陀国有一位螺长者，身家富裕，拥有众多产业。在波罗奈国，也有一位辟利耶长者，财产与螺长者相当。两家是世交，关系很友好。

好景不长，有一年，波罗奈国发生天灾，作物歉收，辟利耶长者的财产在一夕之间化为乌有；他万念俱灰，只好前往摩伽陀国向螺长者求助。

螺长者见老友来访，十分高兴，但看到他穿着落魄，不禁忧心地问："你怎么了？为何忽然变成这样？"辟利耶长者便道出自己的遭遇。

螺长者说："没关系！钱财乃身外之物，我将一半的财产分给你，让你重整家业。"说完后立即将家中的黄金、钱财、奴仆及豢养的家畜等产业分出一半。辟利耶长者感激地带着螺长者半数的资产回国重建家园。

天有不测风云，数年后，天灾降临摩伽陀国，螺长者的产业被大水冲走，也变得一无所有了。

螺长者的夫人伤心欲绝，螺长者安慰她："没关系！东西没有了，我们可以重新再来。"

长者夫人说："我们现在连栖身之处都没有，哪有力量重建家园呢？"

螺长者说："辟利耶长者以前也曾遭难，那时我给了他一半的财产。朋友有互助之义，我想，现在我们有难，他应该会帮助我们。"于是，螺长者便带夫人一同徒步前往波罗奈国。

他们来到波罗奈国城门外时，距离辟利耶长者的家还有一段路程，螺长者就对夫人说："这里有一间空屋，你在此休息一下。我进城后找到辟利耶，再请他派车来接你。"

不久，螺长者来到辟利耶长者家门外，请门房通报他的主人。门房看到这个衣衫褴褛的乞丐竟要见他的主人，心中纳闷：主人所交往的都是上流社会的人士，怎会有这么邋遢的朋友？

门房疑惑地向辟利耶长者通报："主人，有一位来自摩伽陀国、名叫'螺'的人要见您。"

辟利耶长者问："他带了多少人来？"

"单独一个人，而且十分落魄。"

辟利耶长者皱起眉头说："好吧！既然来了，就叫他进来。"

辟利耶长者见到螺长者时，连起身打招呼都没有，冷淡地问："你来做什么？"螺长者说了自己的遭遇，并恳求辟利耶长者帮助他重建家园。辟利耶长者回答："不可能！我现在正在扩展事业，怎么可能帮助你。不过，你既然来了，我请人打包一些中午的剩菜让你拿回去吧。"螺长者听了，沉默不语。

辟利耶长者要螺长者先到外面等着，随即转身对佣人说："你去准备一些旧的玉米粉，给他一餐的量就好了。"佣人果真照着主人的吩咐准备。

螺长者看着佣人奉上的食物，心想：我收还是不收？收下，只是一餐粗食；如果不收，则会伤及朋友的感情。今天失去一切家产，这分友谊无论如何也不能失去。考虑再三，还是收下那包食物。

螺长者返回空屋，夫人问："车子怎么还没来？"

长者含着泪说："他不肯帮忙。不过，他给了我们一餐饭。"

夫人听了，心痛地哭着说："他落魄时，我们给他许多财物，为什么现在却不愿意帮助我们？"

这时，有一个人经过空屋，瞥见屋内有个熟

悉的身影，走近一瞧，竟是以前的主人！原来当初螺长者将一半的奴仆送给辟利耶长者，这个人就是其中一位。他询问旧主人怎会沦落至此？螺长者就将一切经过据实相告。

这位奴仆听了，觉得人心真是险恶，辟利耶长者竟然忘恩负义；反而想起旧主人过去宽厚的对待，就对螺长者说："尽管我只是个奴仆，仍有能力供您温饱，您和夫人可以到我那儿住。"于是，螺长者和夫人便暂住他家。

这位奴仆也将螺长者到来的消息通知当初一起归于辟利耶长者的同伴，大家听了赶紧携家带眷前来探望旧主人。众人心想：虽然旧主人落魄了，但是主仆间情谊仍浓厚。特别是他们知道旧主人的遭遇后，都感到忿忿不平。

后来，这个消息在城中传开，传入国王耳中。国王相当气愤，传唤二位长者进王宫。国王细问了螺长者的现况，对辟利耶长者说："你能东山再起，都是因为有螺长者的资助。现在恩人有难，你却袖手旁观。我命令你，将全部财产让给螺长者。"

辟利耶长者默然不语，螺长者赶忙说："不！不！我不要他全部的家产，只要当初资助他的部分就足够了。"螺长者宽容不贪的态度感动国王，于是判决让螺长者带回当初赠与的家仆及家产，回国重建自己的家园。

辟利耶长者因贪欲习气深重，枉顾朋友道义，甚至恩将仇报，一味地沉迷于财富物质中，终致引起众人不齿。其实，一切物质只是帮助生活的工具而已，应善加运用它，而不是反被"物"所利用，失去做人的价值与意义。

五毛七分钱的大教堂

在二十世纪初，美国费城有座小小的教堂。某日，一个六七岁的小女孩坐在教堂外哭泣，教会神父见她哭得很伤心，问她："小妹妹你为什么哭呢？"

她说："教堂的空间太小，小朋友太多，我挤不进去。"神父见她穿着破旧的衣服，与教堂里那些被父母打扮得像小淑女一样的女孩相较，就知道她是穷人家的孩子，于是牵起她的小手，为小女孩找了一个位置，让她上主日学。

虔诚的小女孩每个礼拜都会来上主日学。两年后，她突然得了一场重病，不幸往生。她的父母知道女儿这段时间，每周都上教堂，于是通知神父这个消息。

神父赶来看小女孩最后一面，意外地在她的口袋里，发现一个小包包，里面有张小纸条，童稚的字迹写着小女孩的心愿——希望帮教会盖一座大教堂，让更多孩子有机会上主日学。

包包里面还有五毛七分钱，纸条上还写着："我一直很努力储蓄，现在已经有五毛七分钱了!"这一切，让神父感动地哭了。

小女孩的故事后来经由报纸报导传开，当地有位大地主读到这则新闻，主动联络教会："我有一大块土地，想要卖，你们能不能买下?"

教会问："多少钱?"

"五毛七分。"

那一大块土地就卖五毛七分。众人都明白地主的心意，纷纷共襄盛举，建立起一座可以容纳三千三百人的大教堂;楼上还有医院，为贫穷的人看病，迄今这座教堂还在。

我们不要轻视幼子，纯真的心地，其实比大人的心灵世界更清楚明朗，更能带动爱的力量。

倚老卖老的婆罗门

"持戒守规"不仅是学佛者最基本的要求，也是最可贵的德行。佛陀的教法，无非是要大家去除烦恼，清净自心。一切行为皆是从心而起，所以要"持一切法，念一切戒"；若心不念戒，身不守规，就容易受无明污染，烦恼不断。

佛陀时时殷勤教诫，希望人人守戒奉行；晚年时嘱咐多位长老，自己入灭后，僧团由他们领导，普施教化。其中有位摩诃迦旃延长老，是佛陀的大弟子之一；他领导五百位比丘，四处游化施教，广受人民尊重。

某日，迦旃延尊者游化到一个村镇，当地有位婆罗门长者，久闻尊者戒行清净，十分仰慕。当他得知尊者到来，心生欢喜，就赶到僧团落脚处，作礼致意。

迦旃延尊者向这位婆罗门长者说："您今天特地来此，不知有何指教？"

婆罗门长者看到随行的比丘，心想：我比这些比丘年长，为什么他们没有向我作礼？于是向迦旃延尊者说："婆罗门本来就是较尊贵的阶级，尤其我又年长，地方人士对我都毕恭毕敬。今天我来到僧团行礼如仪，但是，为何没有人向我回礼问讯？"

　　迦旃延尊者回答："僧团中，人人追随佛陀的教育。佛说修行有两种阶段，一种是老地，一种是少壮地。"

　　婆罗门长者问："什么是老地？什么是少壮地？"

　　尊者回答："有的人年龄已四五十岁，甚至到九十岁乃至百岁，但心中常存贪、瞋、痴、慢、疑，不守戒律，尽管年长，修持尚浅，就像初入门的修行者，境界与少年人差不多，因此称为少壮地；老地表示戒行清净，身心无染，即使年少，也会如年老者得到众人的尊重。"

婆罗门长者肃然起敬，赶快起身向这群年轻
比丘作礼，说："虽然你们年纪轻轻，但是身心清
净，戒律严谨；我年龄长于你们，却尚未远离五
欲，所以应该向你们学习。"比丘们也都微笑、合
十回礼。

　　长者又在尊者面前膜拜顶礼说："尊者，您的
德行令我敬仰，请让我皈依您。"

　　迦旃延尊者回答："我心中'自皈依'的是
如来、世尊、佛，他是我一生所尊重、皈敬的
圣者。"

　　长者急忙问："如来、世尊、佛，现在何处？"

　　迦旃延尊者说："佛陀已经涅槃了。"

　　尊者语毕，便恭敬地跪向佛陀涅槃的方向，
合掌、膜拜；长者看了很感动，也朝彼方膜拜、
顶礼。之后，长者请求尊者："我尊敬佛陀的精
神，而您持戒守规精严，请让我向您学习，所以，
从今以后，佛、法、僧是我的自皈依处。"并欢喜

接受尊者的教诲。

故事中提及的"老地"和"少壮地"之分，端看我们修行的阶段，即使年纪小，只要守好规戒，同样也会受人尊重；若违法乱纪，哪怕年长者或出家已久，境界还是与凡夫一般，十分可惜。

佛门的四众弟子都讲究规戒，在家佛弟子受持五戒十善；出家二众，除了五戒十善不得毁犯之外，还须持守丛林生活中诸多微细的戒律，使举手投足都合乎规矩。规戒不守，容易犯错造恶；如能守戒持规，自然品格高超。

坚强的忍辱心

远古时，一处山林中有位修"忍辱"行的修行者；他以大树为顶，巨石为墙，野草为食，一心希望能在此生以忍辱力成就道业。

某日，国王带着一群士兵到此山林打猎，发现一只又肥又美的山羊，立刻骑马追捕，追着追着，来到那位修行者的住处，问他："你有没有看到一只羊经过？"修行者不愿眼睁睁看着无辜的山羊被捉走，所以摇头不答。

国王追丢猎物，已是心烦意乱，又感到修行者态度冷淡，于是瞋怒心起，质问他："难道你不知道我是谁吗？你是什么人，竟敢如此大胆傲慢！"

修行者回答："您是国王，而我是一个修忍辱行的修行者。"

国王怒上加怒，心想：明知我是国王，竟敢目中无人！于是拔刀怒喝："你当真是修忍辱行的人？"

修行者说:"是的。"

国王二话不说,举刀砍下修行者一只手,以此威胁他求饶,说出山羊的去向。修行者没有一点恐惧或愤怒,仍旧面不改色地面对国王。国王气愤难当,陆续将他的另一只手及双脚砍断。

附近其他的修行者知道此事,纷纷围聚,对国王暴戾无道的行为,感到十分愤慨。但是,这位修行者却对周围的同修说:"你们不要动气,我修的是忍辱行。今天国王对我如此,表示过去一定曾和他结下恶缘。我要感恩国王成就我的道业,考验我是否真的具有忍辱功夫。现在我内心平静,并没有任何怨恚,但愿国王也能平息怒气,如此就能消除彼此过去的恩怨。"众人听了都很感动,国王更是惊惧又惭愧,赶紧向修行者忏悔。

"忍辱"是待人处事不可或缺的修养。一株幼苗在长成大树前,也必须忍受一番风霜和酷暑。人生唯有以坚强、忍辱的心,勇于面对种种挫折与挑战,才能开创光明前程。

九十多岁老者的口哨声

现代许多人作息颠倒，造就了所谓的"不夜城"，却不知滋生了多少社会问题，浪费了多少人生。有的人整天睡觉，不知把握宝贵时光，即使清醒也无所事事，消磨时间，实在可惜！其实，该休息时好好休息，清醒时须赶紧发挥良能，这才是精进的人生。

曾读到一篇报导，叙述一位美国老人的故事——

有位九十二岁的老先生孤苦无依，住在贫民区里，靠政府救济维生，但他身体健康，每天尚未破晓就起床。醒来先转转头，若无异状就对自己说："感恩！今天头脑还很清醒灵活。"接着伸伸双脚，再说："真高兴！两只脚还能走路。"之后下床，展开为人服务的一天。

他还能服务什么呢？原来他每天都在垃圾车抵达之前，带着哨子和拐杖站在路边。如果有车子经过，他就吹哨示警：此处只能停垃圾车，不能停其他车子，以便家家户户倒垃圾。

老先生从七十岁开始自动承担起这项工作，二十多年来风雨无阻，附近居民只要一听到他的哨声，就知道该准备拿垃圾出去。

等大家都倒完垃圾后，他就吹起轻快的口哨，欢欢喜喜地离去。大家都十分尊敬这位快乐的老人。

有人问他："你年纪这么大了，为什么还要出来做事？政府不是每个月都给你生活费吗？"

他带着笑容说："我爱惜生命'有用'的时间。若希望每天都能头脑灵活，四肢健全，就要多活动筋骨。"

看了这篇报导，真的很敬佩那位老先生——每天感恩自己头脑清楚、双脚行走自如，生命如活水。

佛陀也是如此教育弟子：有一天，阿那律陀

在听佛陀说法时昏沉掉举，佛陀因此斥责他："在
这么重要的时刻里，你竟然打瞌睡！这和海中的
蚌壳，有什么两样？"

阿那律陀非常惭愧！于是他誓言奋发精进，
连续数日都不曾阖眼休息，终致眼盲。

眼盲后的阿那律陀仍非常精进。有日，目犍
连邀请阿那律陀一同外出行脚，阿那律陀心想：
出外不宜穿着破损的僧衣，因而拿针引线缝补。
一时针线没拿好，掉到地上，遍摸不着，他只好
高声呼道："有没有要修福德的人呢？"求助他人
帮忙捡拾。

这时，佛陀刚好经过，听到他的呼声，立即
弯身捡起地上的针，为阿那律陀补衣，并说："我
是惜福、喜爱修福的人。"

阿那律陀听见佛陀的声音，赶紧起身向佛陀
顶礼，说："佛陀！我可承受不起让您为我缝补
衣服。"

佛陀回应他："这是我修福的机会，哪怕是轻而易举的付出，都要把握助人的因缘，造福修慧。"

　　我们需要先具足惭愧心，才会时时提起精神，做好每一件事；若缺乏惭愧心，不论是在日常生活中，甚至是在修行、打坐或听经时，仍会不自觉地懈怠。所以，须时时自我警惕，善用生命时光。

护法韦驮与打坐禅师

　　从前，浙江雪窦寺的方丈妙高禅师，年轻时就出家修行，决心参悟佛法。他虽然每天打坐，但是常打瞌睡，令他十分懊恼。为了警惕自己，他选择在崖边用功，一旦精神不济，就会掉落万丈深渊，不得不时时专心。

　　有一日，禅师很疲倦，打坐时一不小心打了盹，滚下山崖。在滑落的刹那，他以为自己命将至此；但是到半山腰时，有些树藤将他缠住，因而保住一命。他心想：奇怪！我应该一下就跌落谷底，为何会得救呢？这时有一个声音告诉他："是我韦驮护法救你的。"

　　禅师发觉韦驮菩萨因他精进修行而在身旁护法，感到很高兴，憍慢心起，自傲地问："请问，像我这么用功的人，世间有几人？"

　　韦驮菩萨回答："像恒河沙那么多。但从现在开始，往后二十世我都不再为你护法。我只是一时护持，你就如此得意、高傲，凭这一念就不值得继续为你护法。"

禅师十分懊恼，心想：原来起心动念这么厉害，好不容易有护法拥护，只因为一念傲慢，往后二十世都不再为我护法，唉！罢了！当初修行时，也不是想求得护法的拥护；修行是自己的本分事，唯有这分志愿绝对不能放弃。我还是继续静坐，顾好自己的心，万一再坠落，只怪自己不精进吧！他深深忏悔后就放下烦恼，继续精进修行。

禅师持续每日打坐、精进，而且多了一分警惕的心念。有一天，禅师不慎又跌落山崖，但在坠落的过程中，心念仍不动摇，只想：虽然此生已矣，来世也要继续勤修，行菩萨道。

这个念头一发，坠入山谷后的禅师竟毫发无伤。他感到奇怪之时，韦驮菩萨又出声说："因为你有惭愧心，缩短了二十世的业障。"

我们的心真是敏感、奇妙，所以修行要时时

警惕，莫让一念心散乱。心乱，生活就乱了，修行之路也会变得很坎坷。行、住、坐、卧皆安然自在，处于静而定、定而安的境界，才能求得解脱。

真爱无碍肤慰艾滋病患

人常会为了爱自己而伤害别人，所以佛陀教导我们：莫伤害他人，更应推己及人，怜悯贫病、苦难的众生，以智慧付出爱心。

许多人都能够付出关爱，但是，一旦涉及利害关系，在未完全了解事实的情形下，以为付出会使自己受到伤害或不利时，往往会转为冷漠，甚至在无形中伤害他人。

多年前，澎湖有一位罹患艾滋病的孩子。当时人们缺乏对艾滋病正确的认知，因此闻之色变、惶恐不安。

这位小弟因车祸输血而不幸感染，此后，他的处境变得十分坎坷。同学的家长得知后，都将自己的孩子转到别班，不愿和他在一起；邻居和村民也排斥他，逼他们家搬走。小弟年仅九岁，应该是处于快乐成长、学习的年龄，也正是需要被关爱的时候，但大家却如此排拒他，对无辜的孩子而言，情何以堪！

一般人对艾滋病不甚了解，担心被传染，其实只要有正确的卫生观念就无须害怕。除非是与艾滋病患有血液接触，或是危险性行为以及母子垂直传染，才可能会被感染，否则艾滋病人和一般病人一样，没什么好害怕。

我们应将心比心——家中若有一个孩子不幸罹病，家人内心是多么难过、悲痛！所以应伸出援手关怀，而非只听到艾滋病就惧怕惶恐，这种一知半解的观念是不智的，更会给病患及其家属带来心灵的创伤。

慈济人得知这位小弟的处境后，特地邀请当时慈济医学院护理研究所所长及荣总艾滋病房的护理长，前往澎湖向乡亲宣导正确的卫生观念。台东有一位慈济委员欧老师，读到报纸登出此则新闻，马上打电话给澎湖慈济人，请他们代为安慰那位孩子的家长："不要怕，寒暑假可以带孩子到我家，我愿意帮忙照顾、辅导。"又请他们转告邻居："我和他们家素不相识，都敢带他到家里住，有什么好怕呢？"可见只要了解情况，有充分的知识与智慧，就能毫无顾虑、无烦恼地付出爱。

除了台湾地区之外，其他遥远的国度也有一群关怀艾滋病患的人。在南非，有一群慈济人，用爱心、耐心长年带动超过一万名当地的祖鲁族志工，投入照顾艾滋病患与遗孤。

他们肤慰近五千位艾滋病患，不但常去病患家中关怀，还帮忙沐浴与整理居家环境，若有病患往生也相伴在旁，为其安定身心，令人敬佩、感动。

在马来西亚，同样有一则感人的个案——一对苦命鸳鸯阿兴与阿米。阿米是出身印尼的女孩，十八岁那年被卖到马来西亚，堕入烟花；二十多岁时认识了阿兴，两人决意长相厮守，便在阿兴帮助下离开了花街柳巷。但好景不长，两人在一起后，阿米发现自己得了艾滋病。阿兴非常着急，为了医好太太，将工厂、车子等财产全数变卖，没想到自己也被检验出艾滋病。

两人同时生病，需要高额的医疗费。阿兴不得已，只要病情稍微缓和时就去打工，时时得忍着病痛。有一位慈济人张师姊得知他们的处境，想到自己也久为癌症所苦，感同身受，决定伸出援手相助。

当阿兴、阿米夫妇的亲友都弃他们而去时，唯有张师姊和其他慈济人再三前往关怀。起初阿兴对慈济人还是抱着怀疑，不过每当他无法出外打工，家中断炊的时候，只要打电话向张师姊求助，师姊二话不说，立即准备丰盛的餐点送去。

日子一久，这对夫妻渐渐对慈济人道出真心话。阿米说，她原先以为马来西亚都没有好人，但是慈济人对他们的爱，甚于亲友，所以她现在唯一的依靠就是慈济人。

阿兴夫妻在患难中结缡，因此婚礼一切从简，但仍有一个梦：拍一组婚纱照。张师姊知道后，想尽办法让这对夫妻圆梦，在其他慈济人的帮助下，总算帮他们拍了漂亮的婚纱照；即使无法帮助他们的身体完全康复，也救度了他们的苦难心灵。

　　许多艾滋病患处境堪怜，亟需帮助；当我们清楚地了解事实真相后，更应该付出温暖，安慰病苦。期盼人人以智慧的爱关怀人群，破除无知的迷障，打开人与人之间的心门！

進入經中心。回歸本性

心佛眾生无差別

本具佛性

佛陀德行

"心、佛、众生三无差别"，

众生本具佛性，皆有与佛同等的
慈悲与智慧，

都可以学佛而成佛。

学佛就是从凡夫路走上菩萨道，

从菩萨道到达真理境界；

真理即是经，历千古而不变；

经就是法，行经则法入心；

心行如法，则自性三宝现前，

回归于清净善良的本性。

第七章

本具佛性

富商的四位太太

有些人精进学佛、念佛，却舍近求远，而将最应关心、关爱的"人"遗忘。

佛陀曾以一则譬喻故事，教育世人这个道理——

有位富商娶了四位太太。第一位太太与他形影不离；第二位太太是他付出很大的代价才娶进门；第三位太太也花了不少心思，经常为她茶饭不思；第四位太太与他是青梅竹马，任劳任怨，不曾有过任何怨言，偏偏他对四太太最为疏忽。

有一天，这位富商要远行，因路途遥远，希望有一位太太随行。他向大太太说："你能否陪我去？"

大太太说："是你自己要去的，为何要我作伴？"

回头向二太太说："既然她不去，那你陪我去好吗？"

二太太面露不悦地说："我为何要陪你去？本来就是你硬缠住我的呀！"

连碰了两次壁，他只好找三太太。三太太却说："平时与你形影不离的人都舍你而去，更何况是我？不过，念在你很爱我的份上，送你一程好了。"

在一旁忙着做事的四太太听了，心想：总是自己的丈夫，既然她们都不去，我就陪他去好了。于是对丈夫说："不论你要去哪里，我都永远追随你！"此时，丈夫才知道平时最疏忽的四太太，才是最关心他的人，心里既惭愧又感动！

故事里的大太太，好比是我们的身体。每个人从呱呱落地时就与这副肉身同来，分秒不曾分离；为了它，我们付出了许多心思，它却不断地变化——从小孩渐渐长大，然后中年、老年，无法随心控制。健康、青春、美丽，能够永驻吗？

临终时，依旧要舍弃这副躯体。

第二位太太好比是金钱。世人虽然拼命取得许多财宝，但是到了人生尽头，金银财宝会陪着一起去吗？仍然是一无所有。

第三位太太则有如亲人好友。世人可以为了亲爱的人付出，然而情爱多变，有时落花有意，流水却无情；也有的人因久病床榻，被至亲舍弃，何况是其他亲戚朋友？更别提死后有谁能同行。亲友能将我们后事料理好，就十分可贵了！

第四位太太有如自己的本性。我们常常疏忽了自己的清净本性，忘了擦拭心镜，发挥明镜自照的功能，却任由不良的习气覆盖，让心蒙尘，浑沌不明。到了最后一刻，却是"万般带不去，唯有业随身"！

例如平时口出恶言，或者稍不如意就给人难看的脸色，虽逞一时之快，却已和他人结下恶缘；这些业都会如影随形地跟着自己，成为日后的障碍，让心地的污秽愈加深重。

"心如明镜台"——我们应时时勤拂拭自我的心镜，然后反观自照，看看自己是否照顾好本性？人生路上，只有一位伴侣一路相伴，那就是本性。所以，我们要随时关注，进而理解、照顾此良伴；如此，才不算虚度此生。

赤子的慈悲智慧

犹记多年前，一对夫妇为了子女而移民加拿大。出发前，我告诉他们："到了外国，头顶别人的天，脚踏别人的地，生活所需都是依靠别人的资源，所以要'取诸当地，用诸当地'，先去爱人，才能得人的爱；将大爱种子带到当地去播种、耕耘，希望能开出爱的花果。"之后某一年，他们回台湾探亲时，也顺道来访精舍。他们的儿子已经是又高又壮的年轻人，不禁令人感叹岁月如梭。

想当年他们未离台时，某次一家人来到花莲，儿子才五岁。当时我身体不适，有位护士帮我打针。这个孩子一见状，就跑到我身边说："师公，我出一道谜题给您猜猜。"

"好呀，要猜什么？"

他很认真地问："超人和蝙蝠侠，哪里不一样？"童言童语，大家听了都不禁莞尔。

我回答他："我又没有见过，怎么知道？"

他笑着说："将红内裤穿在外面的就是超人……"他见护士好不容易找到我的血管，打了针，话还没说完，就高兴地喊着："成功了！师公，针已经打进去了。"原来他是怕我会痛，特地出谜题让我分散注意力，真聪明！更难得的是他才五岁，就有这分疼惜人的爱心与智慧。

多年过去，二○○四年底发生南亚大海啸，当时慈济呼吁将爱送进南亚，向全世界募心募款援助当地灾民。这个孩子得知后，就发愿劝募。劝募的方式，竟是向吉尼斯世界纪录挑战。他先向超市的老板们劝募春卷皮，还有蔬果食材，再号召同学一起合作，花了一个多小时，做出一百多公尺长的春卷，果然打破吉尼斯世界纪录。此举感动同学、老师纷纷捐款响应，他的教授更承诺同额捐出所募得的款项。一个行动，为灾民募得善款与希望。

社会的未来，端看年轻人的表现。期盼我们

时时刻刻凝聚爱心，莫空过时间；主动付出，启发人与人之间的良性互动与爱的共鸣，这也是人人需要学习的课题。

母猴护子度猎人

人心有爱，就如阳光照耀大地，带给人生温暖与光明；若失去了爱，就会陷入一片黑暗之中。

曾听闻一则故事——

在日本的一个小山村里，住着一位狩猎功夫高超的年轻人。他常带着猎枪游走山中，只要用心细听，就能掌握猎物的踪迹。

有一天，他照常到山中打猎，灵敏的耳朵立即发觉猎物的声响，循着声音的方向走去，来到一棵大树下，发现有只猴子坐在树上晒太阳，立即举枪对准猴子发射。猴子中弹后，惊叫一声，险些掉了下来。幸好它的动作敏捷，迅速地以左手臂抓住树枝。

年轻人本想再补一枪，忽然间好像发现了什么。仔细一看，原来母猴的一只手抓住树枝，另一只手抱着一只小猴子，并努力地将小猴子推回树上。母猴痛苦哀号，仿佛对小猴子说："孩子，赶快逃生吧！妈妈快撑不住了！"小猴子吱吱叫，紧抱着母猴，仿佛对妈妈说："我不要离开妈妈！我不要离开妈妈！"传出凄厉的悲鸣声。

过了一会儿，母猴已无法支撑了，但小猴子仍然紧抱妈妈的脖子。最后母猴终于松手，连同小猴子一起坠落。年轻人目睹这一切，内心受到很大的冲击，宛如冲破一层壳！从此，他收起猎枪，不再狩猎。

过了一段时日，村里的人感到十分疑惑，为何最近都未见那位年轻人拿着猎枪出没？后来有人在山里，发现一座坟墓，每天都有人更换鲜花，时时飘散着一股淡淡的香气……

那位年轻人以往不懂得护生及生命的真谛，以狩猎为业，直到经历这一次事件，才明白动物之间，同样也有亲情至爱。亲子之爱，深深地撼动人心！年轻人受这分"爱"的启发，从此不忍杀生，还为它们造墓，每天到墓前忏悔、更换鲜花，表现出尊重生命的柔软心，这就是"大爱"，也就是"觉有情"。

猴王救猴群感化国王

佛陀告诉我们，众生平等，皆具清净无染的佛性。某一回，佛陀说了一个故事——

久远前，有只猴王领着猴群，在山林间过着幸福的生活。然而天有不测风云，持续数年，山林里发生旱灾，树木、花草枯死，难以找到任何食物。猴群一筹莫展，挨饿受苦，部分猴子只好出走山林。下山后，它们发现一片果园，种满了水果，便高兴地跑入园中大快朵颐。

这片果园是国王的财产，突然闯入一群猴子，园丁十分惶恐，连忙向国王报告。国王得知此事后非常生气，便下令：“封锁整个果园，将猴群一网打尽！”

猴王获悉，赶紧下山救援。它先从山里带来一大捆藤蔓，想用它救出猴子，无奈长度不够，只好将藤蔓的一头绑在自己身上，再用手攀住园外的枯树，将藤蔓另一头丢入果园内，并对受困的猴群大喊："赶快沿着这条藤蔓攀爬出来。"

猴群攀着藤蔓，一只接一只地逃出。猴王则是咬牙苦撑，忍耐到最后手骨都脱白了，总算让所有猴子脱困。

当国王赶到时，猴子已经逃光了。国王气急败坏，欲追赶猴群，这时，猴王对国王说："国王，我是猴群之王，因为领导无方，才导致它们下山捣乱。这几年山上闹旱灾，野生的树木、果实都枯尽，没有食物可吃，为了活命，它们不得不触犯国王的园地。冒犯之处，我愿意用我自己的性命相抵。"

国王心想：连畜生都有仁爱之心，如此爱护它的子民；自己身为一国之主，都未必能如此爱民勤政，真是惭愧！于是对猴王说："我可以给你们食粮，让你们安稳生活。我也应该以仁治国，才能祈求天地风雨顺调、百姓安康。"猴王谢过国王，感恩地带着猴群回归山林。

事后，国王对王后述说他的见闻。王后也说：

"是啊！为什么兽类如此仁爱，我们人类却总是互相斗争，使世间乱象丛生，触怒苍天而导致干旱。"从此，国王便以爱行仁政，善待人民。

　　猴王虽是畜生，但秉性善良，清净无染，愿意牺牲自己，拯救猴群；反观国王，却因为自己的物品受损而发怒。所幸国王能及时消除瞋怒的心，化为怜悯布施猴群，及时找回了清净本性。

国王与九色鹿的信约

"心、佛、众生，三无差别"，众生只因一念之迷，才会"背觉合尘"——背弃本有的觉性，和尘世合成，污染了本心，迷惑在人生，引起无数纷争。

从前一处森林中住着一只美丽的鹿王，身上的毛皮有九种颜色，散发九种光芒。某日，鹿王在河边信步，突然听到有人呼救，循声而去，发现有一个人在水中载浮载沉。眼见水流湍急，四周没有旁人，若不搭救，他绝对会溺毙。于是鹿王跳下水，游到他身边，安慰道："不用怕！快，拉住我的角，坐到我的背上。"那个人连忙照做。鹿王救他上岸后，已经用尽力气，气喘吁吁。

被救的人向鹿王说："恩人！我愿意待在您身边，一辈子为您取水、割草，报答救命之恩。"但鹿王说："不必了，你赶快回家吧！我只求你出去之后，千万不要告诉别人我的住所。"这个人当下立誓："为了报答您的恩情，我绝不会泄漏。"说完便离开了。

某日，这个国家的王后梦见一只全身发出九种光芒的鹿，非常喜爱，醒来后不断地想：若能拿它的鹿皮来做衣服，鹿角做耳环，不知有多好！就向国王央求："我想要九色鹿的鹿皮和鹿角，你一定要帮我找到。"

国王怀疑：世间真有这种鹿吗？但是王后竟以死相逼，国王只好答应："好吧！我派人去找，花再多心力也找来给你。"并贴出告示：何人能通报九色鹿的行踪，就赏赐大笔土地及大量金银。

百姓看了公告，心存疑虑：世间哪有这种鹿？只有那位被鹿王所救的人十分欢喜，心想：我发达了！若说出那只鹿的住所，就可以得到丰厚的赏赐。他将与鹿王的约定完全抛到脑后，向国王密告鹿王的栖息处。

国王得到讯息立刻亲自带领兵将，穿过群山峻岭，抵达那片森林，果然发现九色鹿在树下安睡。这时有只小鸟，远远瞧见国王带着兵将前来，赶紧飞到树下啄鹿王的耳朵，说："看，国王带着大队人马到来，莫非是要捕捉你？"然而国王的军队已经拉弓引弦，将它们团团包围。鹿王见无路可逃，便在国王面前温驯地跪下，缓缓抬头说："国王，你要捕捉我，我是逃不过这场劫难了，不过，请听我说几句话。"

国王十分惊奇，继续听着鹿王说："国王，你怎么会知道我住的地方？"

"有一个人来向我通报。"

鹿王感叹："数日前，我不忍见一个人溺水，冒着生命危险将他救起。他获救后，表示愿意做我的奴仆；我没有接受，只求他不要说出我的住所，好让我安稳度日，因为世间有许多人想要我的皮和角。"

国王听了十分感慨：一只鹿可以冒着生命危险救人，别无所求，只希望安然自在地生活；反观人类受到贪欲诱引，就不顾信誉与救命之恩，背弃诺言，陷害恩人，真是人心险恶。于是对鹿王说："我知道了，你可以在此无忧无虑地生活，我会派人保护这座山林，禁止入山打猎，伤害动物的生命。"说完后，国王率军回城，并且谨守与鹿王的约定，下令：从此不可以猎杀任何一只鹿。

国王回到宫殿，对王后说："我找到九色鹿了，它确实非常美丽，也很善良，曾经救起一个快要溺毙的人。我不忍心抓它，所以放它走了。"王后日夜想用鹿皮做衣服，用鹿角做耳环，听见国王放了九色鹿，一气之下，竟心碎而死。

王后之死，国王也觉得心痛，不过思及人性的贪欲：一个为了贪利，枉顾救命之恩；一个贪鹿皮、鹿角之美，无法获得而气死。这种因贪念而得到的下场足以作为警惕。

宝马的勇气与仁慈

佛陀教化众生，是要启发人们心中的良知大爱，为此，佛陀曾讲述过去生中的一段故事——

在无数劫以前，有一位宅心仁厚的国王，不只善待全国子民，而且爱护生灵。他十分疼爱一匹宝马，特别请专人照顾，每天喂它吃七种精致的食物，并以金银镶制成食器；马厩也有专人整理，不仅每天喷洒香水，甚至怕它被蚊虫叮咬，以绒布做成蚊帐，还镶着金扣子……将这匹马照顾得无微不至。

这个国家的周围，还有七个小国，他们见这国家如此富庶，便起了贪念，联合举兵准备攻打这个国家。七小国兵临城下，共同发出最后通牒，警告国王：马上献出国土，否则格杀勿论！

国王内心着急，立刻召集文武大臣共商大计，他问道："谁能解决当前的危机？"其中有位大臣建议："我认为暂时无须动用许多兵卒，只要派一名智勇双全的骑士活捉七王作为人质。我正好有个人选！"

国王立即召见这位骑士，托付给他这项紧急任务。由于骑士平时就受到国王礼遇，所以国难当前，勇敢地接受了。不过他有一项要求："请国王借我宝马，如果有宝马相助，我就有信心平定这场动乱。"存亡之际，国王只好答应他了。

骑士牵出宝马时，对它说："我们平时受国王的爱护，此时正是为国效命的时刻。"说完即骑上马背，奔驰而去。

当他到达七国国王扎营处时，直接冲入营帐，迅速擒住一位国王，捉回城中；接着又马不停蹄地再度冲向敌营。正当敌军惊惧慌乱、不知所措时，勇士又擒住第二位国王，之后又捉了第三位……连续捉拿六位国王。

当骑士准备捉拿最后一位国王时，敌军已经稳住阵脚，整装待发，眼见宝马从远处直奔而来，便集中目标、万箭齐发；宝马不幸身中数箭，仍奔驰到距离敌营不远的地方，才不支倒地。

骑士想换骑另一匹马继续作战。但身受重伤的宝马想，只剩最后这一步，一定要支撑下去，为了国王以及普天下的人，我必须忍耐，取得最后的胜利，平定乱事，使天下太平安乐。

因此当骑士要卸下马鞍时，宝马不断地挣扎，仿佛对骑士说："扶我起来，我还要继续与你并肩作战！"人马间似乎心有灵犀，骑士心念一转，吃力地扶起宝马，骑上马背。宝马用尽最后的力气奔入营区，敌军士兵为他们的勇气所震慑，全都吓得不知所措。结果，连最后一位国王也被捉走了。

宝马回到城中，血淋淋地卧倒在殿堂前。心痛的国王走近宝马身边，轻柔地抚摸着它，内心深深哀悼。此时宝马竟然向国王说："国王，有些统治者为了扩大权力私欲，不惜牺牲百姓的生命，时时发动战争。战争非常可怕，是人心残酷的贪念所致。我为国王效命，希望国王的大爱能普及天下；请您以德报怨，释放七小国的国王，以求天下苍生的安乐吧！”

国王回答："我答应你，我会做一个将大爱普及于天下的仁王。"宝马听了，安详地往生了。

佛陀告诉弟子们："你们知道吗？那位国王就是舍利弗，骑士就是阿难，宝马就是我。我们自无数劫以来，就不断地彼此互相鞭策、教化，把握因缘，发挥大爱。"

深植心田的大爱是成佛的根本，因此菩萨为度化众生而降临人间，不辞辛苦地倒驾慈航、往返娑婆世界。学佛切莫将爱缩小成私爱、贪念，导致许多纷争，应时时抱着一分大爱之心。

忠犬莎娜

从前曾见一则新闻报导——

美国纽约州有对八十一岁的老夫妇，彼此相依为命。他们平日乐善好施，也经常照顾流浪动物，若遇动物受伤，就带回家细心照料。

多年前他们收养了一只混种的流浪犬，体格壮硕，重达七十多公斤。老夫妇非常疼爱它，取名为莎娜，将它视如家人。

某日，一场大雪过后，老夫妇想出门查看有没有动物流落在外，受不了风雪而冻伤。走出家门不远，忽然一阵狂风，吹倒一棵大树，压住了他们。

老夫妇刚好被压在树缝间隙，虽然没有受伤，但是庞大的树干、杂乱的树枝，还有满满的积雪压在身上，实在没有体力脱逃。眼见天色愈来愈暗，雪愈下愈大，情况十分危急。

莎娜很有灵性，发觉老夫妇失踪，不断地寻找，终于找到受困的主人。它用力挖掘堆积的冰雪，挖出一条数公尺长的通道，钻进去咬住老太太的袖子，将她拖到背上；老先生也抓住莎娜的脚，一起爬出雪洞，辛苦地回到家中，这时已经是凌晨两点多了。

家中因大雪而停电停水，没有暖气与热水，莎娜就趴在老夫妇身边，用自己的体温为他们取暖，直到早上六点多消防人员巡逻，发觉莎娜和老夫妇拥抱在一起，两位老人家才得以脱离险境。

老夫妇将前一晚受困的经过，说给消防人员听。这件事宣扬开来，成为轰动一时的新闻。英勇救主的莎娜破格获颁英雄奖牌，表明动物也能救人，也是英雄，应该与人一视同仁，希望大家仁慈对待动物。

老夫妇为什么能得救？即是他们爱护动物的心，过去不但救了莎娜，将它视为一家人，种了善因，结下善缘，才得此果报。善有善报，恶有恶报，必须种善因才能消弭灾恶；我们多行善事，转恶缘为善缘，如此不断地累积，自然福缘随身。

礼佛、茹素、禁口的猫咪

众生常被外在的环境污染，迷茫地往恶的方向走去，无法自已。真理明明示现在前，却老是迷失方向，在轮回中迷失；相对的，只要好好地引导，也能朝往善的方向前进。

在韩国龙兴寺，住持多年前发现一只被烫伤的小猫，心生不忍，带回寺里治疗。逐渐痊愈的小猫无家可归，于是住持打算收容它。但是寺庙为佛门净地，便与它约法三章："假如要住下来，就要守戒，不可以在寺庙里随便咪咪叫，也不可杀生，还要茹素。"说来神奇，这只小猫竟然开始禁口不乱叫。我们若要求别人守口业，相当困难，但这只猫竟然如此果决地禁口了。

此外，它也不再杀生，见了老鼠也不追赶，还坚持茹素。有信徒得知此事，故意带着肉或鱼，三番两次诱惑它，仍旧撼动不了它的决心；它闻一闻眼前的食物，知道不是素食，完全不理会。

令人惊奇的是，只要每日的礼佛时间一到，它一定到佛前礼佛，坐在固定的位子，仰望佛像，双掌仿佛合十，如如不动，令人敬佩。

这就是它这几年来的生活：虔诚礼佛、斋戒不杀生，以及禁口业。试想，连动物都有这般灵性，更何况我们得为人身呢？

第八章

佛陀德行

生生世世追求真理

佛陀出家修行、悟道，带领弟子游化四方，弘扬佛法。一段时间后，许多在家居士仰慕佛陀的智慧以及庄严的威仪，接连投入僧团清修。

只是弟子们内心仍十分疑惑：从前佛陀贵为王子，享尽荣华富贵，却在青春年少时舍去娇妻稚子，遁入空门，与一般修行者尽完家业后才出家相当不同。因此佛陀毅然放弃一切，踏入修行之路的做法，常成为僧众讨论的话题。

有一天，比丘们又聚在一起议论此事。这时，佛陀见他们三五成群，问道："你们在谈论些什么？让我为你们解惑。"

于是其中一位比丘说："佛陀！我们不解的是：不知道佛陀如何看待人生，能做到一般人无法做到的事？譬如说佛陀未出家前拥有一般人所企求的一切，为什么还能够毅然放弃？是什么样的力量驱使您立志求道？"

佛陀微笑着对弟子说:"其实这样的决心,不只是今生此世。我为大家说往昔的因缘……"

于是佛陀娓娓道来——

无量劫以前,有一位英明睿智的国王,在他领导之下,国家兴旺、百姓安乐。某日,国王对负责为他梳洗的仆人说:"你帮我留意,若发现白头发,要赶快告诉我。"经过一段时间,有次仆人在为国王梳发时,突然发现一根白发,立即向国王报告。

国王说:"将那根白发拔下,放在我手上。"仆人毕恭毕敬地依命令奉行。国王对着白发沉思:我终于老了,人生究竟还有多少日子?从前完全为国家付出,现在应该要及时修行,为自己找寻一条康庄大道。

随后国王召见太子,对他说:"你看,我已经有白头发了!我要去追求我的人生道路,现在国政交给你,你要依循以前的施政方针,以人民的福祉为主，时时保持国泰民安，社会安康。"

之后，国王退位，离开皇宫，盖了一间精舍，闭关修行。他非常地用功、精进，不久即断离一切烦恼，证得初果。他的内心清净逍遥、毫无挂碍，因而发愿：生生世世都愿意出家，并将这种轻安自在、毫无生死烦恼的境界，传扬给天下人。

佛陀说到此，对弟子说："诸位比丘，当时的国王，就是现在的我。凡夫迷茫，欲念如海，不断地追求物质享受，所以互相争斗，导致人间的苦患。凡夫总是不思考生命的问题：生从何来？死去何向？人生的终点是什么？终点之后又是什么？所以不觉无常，不知精进。"

又说："生老病死，皆是自然。有生就有老，有老一定有死。但是凡夫欢喜出生，却烦恼过活，到老就惶恐死亡。其实这都是自然的过程，有什么好高兴、忧烦、恐怖呢？只要通晓人生道理，俗世又有什么好追求的？"

虽然这些道理我们耳熟能详，不过实际遇到

这些生命必经的过程时，常常陷入苦恼，在迷惘中不停打转。

　　学佛，须看开人生；与其镇日烦恼，担心来世的去处，不如把握现在，时时自省是否贪名贪利、贪享受富贵，是否因人我是非而烦恼。只要内心平静，随遇而安，与人和谐共处，当下即能轻安自在。

以智慧调伏傲慢

佛陀初成道时，由于年轻又相貌庄严，加上修行已臻圆满，因此备受敬仰，许多人见了佛陀就生欢喜心。

当时古印度外道众多，有些外道修行者难免对佛陀心生不服。其中有一位婆罗门，门下有五百位弟子，认为自己学问高超，因此贡高傲慢，喜欢找人辩论，也对佛陀起了嫉妒之心。

某日，这位婆罗门在自己身上绑上一块铁板，在街上大摇大摆地走着。路人很疑惑，不知他想要表达什么？

他看到街头巷尾议论纷纷，就大声地说："看，我的智慧这么多，可惜大家不来请益，我只好围上这块铁片，以免智慧撑破了肚皮。"众人一笑置之，不予理会。于是他自我解嘲：这些人不足以与我辩论，不如就找年轻的佛陀辩论。

他带着五百位弟子，浩浩荡荡地来到佛陀的精舍，却见佛陀安详自在地招呼他们。婆罗门本来是抱持问辩、刁难的念头，打算驳倒这位世人认定的大觉者，但是当他一见佛陀慈祥、庄严的仪态，原本那分傲慢不知不觉地消失，继而生起了恭敬之心。他向佛顶礼，退坐一边，虚心请益："请教您一些问题，首先，什么叫做道？"

　　佛陀回答："正心诚意就是道。不论修行或是待人接物，心念没有一点偏邪、虚伪。"

　　"什么叫做智慧？"

　　"智慧，也就是能分辨人、事、物间的道理。"

　　"什么样的人称作长老？"

　　"长老不在于年龄，而是能让真理入心，处事方圆兼顾而显现清净的本性，才能成为学道者的长老。"

　　"什么叫做正道？"

"正道就是没有偏差,对于真理透彻了解、恒持奉行,在修行道路上精进不懈。"

"如何才是修善之人?"

"修善就是利益自己,去除贪、嗔、痴三毒;除了自修自利之外,还能以善的形象感化他人。修善者对内要恒持善念,对外要力行善事,才能不断成长慧命。"

"为什么要守戒?"

"修行不能离开戒,因为戒是护善护道的利器。"

这位婆罗门修行者听了佛陀的开示后,满心欢喜,在佛前五体投地,求佛授皈依。

为人一定要虚怀若谷,莫骄傲自满;人的德行不在于年龄,也不在于自我标榜,就如佛陀的身形、德相,以及教法,能让如此刚愎自大的人由衷佩服。所以,为人要依正道而学,以诚意而行,才能真正地求道得道。

善启弟子慧命

　　凡人时常恶念横生，尽管不刻意造恶，有时却受到世俗的影响，心念起伏不定，随着外境而流转；有些修行者即使志在修行，依旧积习难断，才会时时烦恼。

　　佛世时，佛陀在灵鹫山说法。僧团中有一位家世很好的比丘，视世间荣华富贵如浮云落日，修行十分精进。只是佛陀知他仍有不足之处，就让他到灵鹫山后方的山林独自清修。

　　他独居在寂静、杳无人迹的山林，耳中所闻尽是各种飞禽走兽的声音。到了晚上，仿佛传出鬼神交谈的声响，使他恐惧万分，起了一个念头：我为什么出家？为什么要放弃优渥的家境，在此寂寞无人之处，听鸟兽虫鸣、鬼神出没的声音？

　　当他烦恼、后悔时，佛陀悄悄走近他身边，问："比丘，你是否后悔了？"言谈之际，远处有一头大象，缓缓走向距离二人不远处的一棵大树下，安然入睡。

佛陀见这头象如此自在，向比丘说："你看，那头大象多安详，你可知道它为何来此？因为它也有亲友，五六百头的象群围绕身边，太烦乱了，有时也要找一个静谧之处休息。修行就是要保持稳重安然，如这头大象，寻求身心轻安自在。"

比丘遂领悟了佛陀的教诲。佛陀见他已经心开意解，就带他回到僧团，与众人一同精进闻法。

修行须克服内心的杂念。从这篇故事我们可以了解：学佛不是凭一时之勇，而是恒持平静心。不论在家、出家，都要"安心睡、快乐吃、欢喜笑"，还要"健康做"，让心灵平静安定。时时调伏内心，才能面对复杂的世事。

观机逗教的用心

　　修行的目标即是内外清净。清，就是毫无杂染；净，则是安适恬静。有的人认为，到深山独居才可得到清净；其实真正的清净并非刻意离群索居，而是走进人群仍可保持寂静无染的心灵。

　　佛陀在僧团中，也是施行同样的教法。但是有的修行者仍旧喜欢成群结党，谈论是非、喧哗吵闹，这也是凡夫难以改除的习性。

　　有一年，佛陀暂住于一果园。某日，舍利弗、目犍连带着五百位比丘，来此拜见佛陀。

　　五百位比丘一到果园，内心欢喜，就和本来住在此处的其他比丘互相寒暄。佛陀在室内听到人声嘈杂，就问阿难："阿难！外面发生什么事？为何有这么多人声，如此嘈杂呢？"

　　阿难向佛陀禀告："舍利弗、目犍连两位尊者带领五百位比丘求见佛陀，此时大家正在互相打招呼。"佛陀说:"阿难,请舍利弗、目犍连带这些人走,不许他们留下。"

阿难心里很为他们难过,不过师命难违,便转告舍利弗、目犍连:"佛陀要你们和五百位比丘立刻离开。"

舍利弗和目犍连十分无奈,只好将这五百人带离此地。然而同为释迦族的在地人民,不忍看到这群比丘被赶走,连忙向比丘的队伍追去。

追到之后,他们向舍利弗、目犍连顶礼,问道:"尊者,你们要去何处?"

舍利弗回答:"佛陀请我们离开。大家各自找寻归处吧!"

这些人民苦劝舍利弗、目犍连:"尊者,请你们暂时停留在此,让我们替你们向佛求情。"

于是二位尊者接受了劝留,暂时留下。这群释迦族人来到佛陀安住的果园,向佛顶礼,虔敬地说："佛陀啊！舍利弗、目犍连尊者带来的五百位比丘习气未除，所以惹得佛陀不高兴，请您原谅他们，让他们有机会闻法。"

佛陀默而不答，这群人继续说："佛陀啊！这五百位比丘里，有的是初发心修行，仍未见过佛，心志尚未坚定。佛陀若不肯接受他们的忏悔，新发意出家的人没有机会亲近佛陀，会不会起退转心呢？请佛慈悲，原谅他们吧！"佛陀还是没有回答。

这时，天上的梵天王得知此事，赶紧下凡，同样向佛求情："请佛慈悲，原谅这些积习未改的凡夫，给他们机会得见佛陀，并为之说法。这些人如同一片茂密的树苗，却没有机会得到雨露，无法成长苗壮；也如出生后没有父母养育、栽培的孩子，难以长大成人。佛陀啊！请不要让这些初发心的人，退了道心。"

佛陀听闻释迦族人及梵天王的恳求，回顾阿难。阿难立即明了佛陀的心意，赶紧前去通知舍利弗、目犍连："尊者，佛陀已经原谅你们了，带五百位比丘回来吧！"

这五百位比丘本来已是心灰意冷，得知佛陀的意思后，心中十分欢喜，立即收拾衣物，整理容貌，队伍整齐地回到果园。一群人向佛礼拜、忏悔。

佛陀问舍利弗："舍利弗，我赶你们离开时，你的心绪如何？"

舍利弗回答："佛啊！当时我想佛陀喜爱清净，所以要我们离开。"

佛陀说："后来要你们回来，又是为何呢？"

舍利弗说："佛陀知道我们也想要清净的环境，却因为少部分人不守规矩，被拖累了。佛陀慈悲，不忍见此，才要我们回来。"

佛陀便教育舍利弗："舍利弗，不可以有这样的想法；而是应该反省自己没有带好大家，拖累他人。不能推卸责任、事不关己。"

佛陀再问目犍连："目犍连，你又是如何想？"

目犍连说："佛陀慈悲，让众人回来闻法。我要赶快召集大家，礼拜佛陀，接受教法，不要让他们有所退转。"

佛陀面露微笑地说："目犍连，你了解我的心意，明白如何教化众生，往后你也要如此领导大家。"

舍利弗号称"智慧第一"，为何无法体会佛陀的心意？其实，这是圣人的"现相教育"。难道佛陀的心量如此狭窄，大家一时吵闹，就要放弃他们吗？佛陀故意用严厉的方式赶走他们，是希望弟子身心清净，并去除世俗的应酬。

释迦族人为僧团向佛陀求情，请比丘向佛忏悔，这也是佛陀的用心，目的是让在家居士知道修行者也是从凡夫入门，也须学习丛林规矩；另一方面也观察这群居士是否有护法护教的精神。

舍利弗、目犍连与五百比丘回来后，佛陀刻意问舍利弗、目犍连的想法。舍利弗的回答是将责任推给众人，这是佛陀不容许的，因此即使在众目睽睽之下，还是当面指责他的错误。相对的，目犍连则能够体会佛心，善尽责任收摄人心，不让任何一个修行者有后悔退转的念头，因此得到佛陀赞许。

佛陀观机逗教，无非是希望我们身心清净，不论在任何复杂的情境下，都不受污染，保持恬静。

终生法雨普润

　　佛陀一生度众无数，在入灭之前，即使身体已经相当虚弱，仍收了一位最后的弟子——须跋陀罗，为他指引正确的修行方向。

　　须跋陀罗，高龄一百二十岁，原是外道修行者，也有一定的修持，禅定深厚，但是仍迷惑于生死——生从何来？死又何去？终日烦恼，无法体悟真理；加上心存我慢，以及对佛法的怀疑，所以尽管他很早就听闻佛陀是真正的大觉者，唯有佛法才是究竟解脱的真理，仍无决心亲近佛。

　　某日，须跋陀罗得知佛陀即将在娑罗双树林入灭，心想：这是最后听闻佛法的机会了！因此放下慢心、疑心，并提起毅力，匆匆赶到佛前，虔诚向佛请法，并请求皈依。

　　佛陀坐在娑罗树下，慈祥地勉励须跋陀罗，应求取正法，不能只是贪著禅悦，并告诉他："你的老师郁头蓝弗虽然利根聪明，修得禅定的境界，降伏各种烦恼，得以投生天界，享八万劫之天寿；但因为贪著禅定，天福享尽后依旧会堕入畜生道。"

修行不能执著于禅定，必须有智慧与大爱。智慧就是"觉"，大爱就是"有情"，觉有情而不舍众生，于娑婆世界度化众生，任何欲念都不影响己心，如此才能求得圣果，究竟解脱。

为了让须跋陀罗得闻正法，佛陀再次开示修行"八正道"，即八种圣者之道的道理：

第一是"正见"：学佛不离正知、正见，修行才能远离歧路，通晓真理。

第二是"正思惟"：心无邪念，思想端正，行为自然没有偏差。

第三是"正语"：言无虚妄，不虚语、诳语、妄言，断除一切口业。

　第四是"正业"：身、口、意三业清净，所作所为都要正确清白。

第五是"正命"：生活所需的一切，必须用正确的方法取得，不以偏邪之法求取；也向众生弘扬正法，广结善缘。

第六是"正精进"：笃定修行的正确方向，一心一志、时时精进；精而不杂，进而不退，走入人群利人利己。

第七是"正念"：生活中不论是见解、思惟、说话，种种行为，都要专心于善法，让自己日日做好事，分秒不离正道。

最后是"正定"：一心住于真谛之理，不再受世事变迁、人我是非影响而动摇道心。

恒持正见、正思惟、正语、正业、正命、正精进、正念、正定，是修行者应具备的观念，也是学佛的基础。

须跋陀罗听闻八正道，又从中领悟四谛法，

而心开意解，证得初果。佛陀一生初转四谛法、终示八正道，教法不离三十七道品。我们如能皈依正道，依教奉行，自然能增长智慧，以正法利益他人。

佛陀弘扬正法，接引世人行于菩萨道，如同雨露普施大地，使万物皆得润泽。在入灭前，仍用心度化外道修行者须跋陀罗，正是希望灌溉人人的菩提幼苗，接受雨露后成长茁壮，庇荫大地众生。

觉悟路上好风光

学佛修行，无非是希望能达到"佛"的境界，但是在这段学习的路上，自己若不用心，即使教法再精要，教导者再尽心，也是枉然。

佛陀成道后，有一段时间到舍卫国宣说教法，喜好佛法的人们纷纷前来听闻佛法；也有不少传统的婆罗门教徒，抱着刁难的态度前去辩论。

有位年轻婆罗门听完佛陀说法后，问道："请问佛陀，你在教导弟子时，是否也遵循着'道'？或者只是按照自己的规矩？"

佛陀回答："年轻人，我在教导弟子时，是依循'道'的原则，顺着'理'的规律，好比驯服野马，要先训练起跑方向正确，才能再教其他动作，将来上路时，方向才不会有所偏差。"

"佛陀，你所讲的涅槃，确实有那么美吗？跟随你修行的弟子当中，有人曾见证过那种境界吗？有没有人接受你的教法之后，仍无法达到那种境界？"

"涅槃境界真实不虚，这是心灵寂静、身心解脱的光明境界。修行者只要用功精进就可以涅槃；而懈怠偷懒的人，当然无法解脱！"

"佛陀，为什么同样跟随你修行，有的人能到达涅槃之境，有的却不能？"

"年轻人，譬如有个人问你：如何前往舍卫国？你指引他一条正确的路。这个人却因方向偏差而无法抵达，你该如何是好？"

"我已经尽心告诉他方向，但他有了偏差，那是自己不用心，我也无可奈何呀！"

"对了！同样的道理，我也是尽心教导，至于听者能否入心、力行，就要看各自的努力。我不过是一个修行路上的指引者。"

由此我们可以了解，修行的成果如何，端看

学习者是否用心。若不够用心，学佛只是执著于文字表相，无法踏实力行，如何能体会心灵轻安的境界？自在解脱是从日常生活、从人群之中磨练而来，因为尘世中才有烦恼可资历练，让我们有机会学习拨开无明、自鉴心镜，所以红尘是最好的修行场所。

曾有人问我："您出家后为什么还要走入滚滚红尘？出家就是要出世才会清净，为什么还要插手俗世呢？"我的回答是：修行须发心立愿，我要"为佛教、为众生"而奉献，不是只顾自己修行。

佛陀已经明明白白指导我们修行的方向——佛法不离人群，不要畏惧面对烦恼，而是要在人群中能够放下烦恼。佛者觉也，道者路也；觉就是悟，道就是路。菩萨道是一条明朗的觉道，只要用心实践，就能体悟这条道路的美好风光。

图书在版编目（CIP）数据

回归清净本性/释证严著. —上海：复旦大学出版社,2014.7（2017.6 重印）
（证严上人著作·静思法脉丛书）
ISBN 978-7-309-10773-9

Ⅰ.回…　Ⅱ.释…　Ⅲ.佛教-人生哲学-通俗读物　Ⅳ.B948-49

中国版本图书馆 CIP 数据核字（2014）第 132832 号

原版权所有者：静思人文志业股份有限公司授权复旦大学出版社
出版发行简体字版

慈济全球信息网：http://www.tzuchi.org.tw/
静思书轩网址：http://www.jingsi.com.tw/
苏州静思书轩：http://www.jingsi.js.cn/

回归清净本性
释证严　著

封面"静思法脉丛书"题字为胡念祖先生
著作者：释证严
总编辑：释德伨
丛书策划：黄美之、翁培玲、许菱窈
繁体字版责任编辑：苏伟然、叶柏奕
繁体字版美术设计：蔡淑婉
封面画作：李源海
图绘协力：李源海、范干海
书法协力：李秀华
篆刻协力：陈胜德

责任编辑/邵　丹

复旦大学出版社有限公司出版发行
上海市国权路 579 号　邮编：200433
网址：fupnet@fudanpress.com　http://www.fudanpress.com
门市零售：86-21-65642857　团体订购：86-21-65118853
外埠邮购：86-21-65109143　出版部电话：86-21-65642845
上海丽佳制版印刷有限公司

开本 890×1240　1/32　印张 9　字数 127 千
2017 年 6 月第 1 版第 2 次印刷
印数 5 101—7 200

ISBN 978-7-309-10773-9/B·505
定价：48.00 元